BESTACTIVITYBOOKS.COM

Découvrez des Jeux Gratuits en Ligne

Disponible Ici :

BestActivityBooks.com/FREEGAMES

5 ASTUCES POUR DÉMARRER !

1) COMMENT RÉSOUDRE LES MOTS MÊLÉS

Les puzzles sont dans un format classique :

- Les mots sont cachés sans espaces, tirets, ...
- Orientation : Les mots peuvent être écrits en avant, en arrière, vers le haut, vers le bas ou en diagonale (ils peuvent être inversés).
- Les mots peuvent se chevaucher ou se croiser.

2) UN APPRENTISSAGE ACTIF

Un espace est prévu à côté de chaque mots pour noter la traduction. Pour favoriser un apprentissage actif un **DICTIONNAIRE** à la fin de cette édition vous permettra de vérifier et étendre vos connaissances. Cherchez et notez les traductions, trouvez-les dans le Puzzle et ajoutez-les à votre vocabulaire !

3) MARQUEZ LES MOTS

Vous pouvez inventer votre propre système de marquage. Peut-être en utilisez-vous déjà un ? Sinon, vous pourriez, par exemple, marquer les mots qui ont été difficiles à trouver d'une croix, ceux que vous avez aimés d'une étoile, les mots nouveaux d'un triangle, les mots rares d'un diamant, etc...

4) STRUCTUREZ VOTRE APPRENTISSAGE

Cette édition vous offre un **CARNET DE NOTES** très pratique à la fin du livre. En vacances ou en voyage ou à la maison, vous pouvez facilement organiser vos nouvelles connaissances sans avoir besoin d'un second bloc-notes !

5) VOUS AVEZ FINI TOUTES LES GRILLES ?

Allez à la section bonus **CHALLENGE FINAL** pour trouver un jeu gratuit à la fin de cette édition !

Simple et Rapide ! Découvrez notre collection de livres d'activités pour votre prochain moment de détente et **d'apprentissage**, à juste un clic de distance !

Trouvez votre prochain défi sur :

BestActivityBooks.com/MonProchainLivre

À vos marques, prêts... Partez !

Saviez-vous qu'il existe environ 7 000 langues différentes dans le monde ? Les mots sont précieux.

Nous aimons les langues et avons travaillé dur pour créer les livres de la plus haute qualité pour vous. Nos ingrédients ?

Une sélection des thématiques d'apprentissage adaptée, trois belles parts de divertissement, puis nous ajoutons une cuillère de mots difficiles et une pincée de mots rares. Nous les servons avec soin et un maximum de plaisir pour vous permettre de résoudre les meilleurs jeux de mots mêlés qui soient et d'apprendre en vous amusant !

Votre avis est essentiel. Vous pouvez participer activement au succès de ce livre en nous laissant un commentaire. Nous aimerions vraiment savoir ce que vous avez préféré dans cette édition !

Voici un lien rapide qui vous mènera à la page d'évaluation de vos commandes :

BestBooksActivity.com/Avis50

Merci pour votre aide et amusez-vous bien !

De la part de toute l'équipe

1 - Été

```
S  C  L  R  G  P  K  V  T  L  L  P  H  M
U  J  U  M  A  U  S  C  I  O  Y  A  D  U
K  S  L  V  E  H  Q  G  A  K  I  R  M  U
E  N  Õ  T  I  K  Q  D  C  I  D  T  Y  S
L  V  Õ  B  A  U  G  R  Õ  Õ  M  E  R  I
D  A  G  P  R  S  C  A  O  C  P  W  L  K
U  B  A  P  K  A  F  A  T  W  C  U  W  A
M  A  S  E  I  J  D  M  Ä  N  G  U  D  E
A  Q  T  R  Y  F  O  A  P  Z  G  H  L  D
Z  K  U  E  A  B  H  T  I  H  Y  Z  T  C
Q  B  S  K  I  N  S  U  R  U  L  T  Ä  B
M  A  V  O  V  G  D  D  S  S  I  H  H  U
B  P  F  N  T  E  L  K  I  M  I  N  E  O
V  D  B  D  S  A  N  D  A  A  L  I  D  J
```

SÕBRAD	MERI
TELKIMINE	MUUSIKA
TÄHED	UJUMA
PEREKOND	TOIT
AED	RAND
MÄNGUD	SUKELDUMA
RÕÕM	LÕÕGASTUS
RAAMATUD	SANDAALID
VABA	PUHKUS

2 - Adjectifs #2

```
A  U  T  E  N  T  N  E  F  U  K  W  P  S
L  O  O  D  U  S  L  I  K  H  U  R  R  O
K  I  R  J  E  L  D  A  V  K  U  S  O  O
H  J  K  T  Y  F  G  R  U  E  L  B  D  L
V  A  S  T  U  T  A  V  N  T  U  E  U  A
Õ  K  S  H  E  P  M  H  S  E  S  L  K  N
I  H  U  V  I  T  A  V  R  R  P  E  T  E
M  F  W  F  C  T  U  G  E  V  U  G  I  M
A  N  D  E  K  A  S  J  W  I  H  A  I  E
S  K  U  I  V  P  Y  F  T  S  A  N  V  T
O  O  T  Q  F  M  L  S  C  L  S  T  N  S
S  Z  L  L  I  K  Q  M  S  I  V  N  E  I
H  B  C  A  R  B  F  C  R  K  N  E  T  K
D  R  A  M  A  A  T  I  L  I  N  E  U  V
```

AUTENTNE	UUS
KUULUS	PRODUKTIIVNE
KIRJELDAV	VÕIMAS
ANDEKAS	PUHAS
DRAMAATILINE	VASTUTAV
ELEGANTNE	TERVISLIK
UHKE	SOOLANE
TUGEV	METSIK
HUVITAV	KUIV
LOODUSLIK	

3 - Exploration

```
K Q O V L J I R K Q N T O C
R E I S I M I N E A J M H N
T A V A S T U S E R U Q U M
L E A D Y R J G L U P G D Y
O J G T I F F J O U Õ M E T
M I V E E Q O Z O M N Ä K U
J E R Y V T Y W M J E Ä U N
U O T E L U F V A O V R L D
L H I S Y L S Ä D I U A T M
G T A Q I G Z S U I S M U A
U L H U A K T I U I V I U T
S I L H N A A M S K R N R U
U K P O D P Q U D Q T E I B
M A A S T I K S T Z H M D A
```

TEGEVUS   VÄSIMUS
LOOMAD   TUNDMATU
JULGUS   KEEL
KULTUURID   KAUGE
OHUD   UUS
AVASTUS   OHTLIK
MÄÄRAMINE   METSIK
RUUM   MAASTIK
PÕNEVUS   REISIMINE

4 - Formes

```
K G P R I S M A W A U E H R
E F Q W C E O V A A L R Ü I
R L U N U R K Z I W P U P P
A D U D O V D T V W Y U E Ü
K R H C V A N A J O Y T R R
O E U E C D R G L Z P V B A
O K L R I S T K Ü L I K O M
N A K L W E R U Õ I P S O I
U A N R I D A U P V N B L I
S R U U I P M B E D E P W D
M K R G Q N S I C C R R M F
R S K F A N G K P O O L R K
S I L I N D E R M T J H Y B
K O L M N U R K P N S K F F
```

KAAR	ELLIPS
SERVAD	HÜPERBOOL
RUUT	RIDA
RING	OVAAL
NURK	HULKNURK
KÕVER	PRISMA
KOONUS	PÜRAMIID
POOL	RISTKÜLIK
KUUBIK	KERA
SILINDER	KOLMNURK

5 - Adjectifs #1

```
R A T Ä I U S L I K A L C S
A E P A Z C Q Ü O K P O Q O
R G R B S D F H Ü D D S M J
B L R S R A S K E T G G U T
A A K O A B E D Z Y U N Z C
Y N U L J O T Ä H T I S V G
A E N U F P F S E Õ H U K E
U V S U U R P I L O Y H H Z
S W T T C M O I D E N T N E
C J I N L T L K E F W J L V
Y I L E K S O O T I L I N E
Z L I J Q N S P Y W N O O R
M U N A R O M A A T N E C E
R S E A K T I I V N E U F F
```

ABSOLUUTNE

AKTIIVNE

AROMAATNE

KUNSTILINE

ILUS

EKSOOTILINE

HELDE

SUUR

AUS

IDENTNE

TÄHTIS

SÜÜTU

NOOR

AEGLANE

RASKE

ÕHUKE

TÄIUSLIK

6 - Instruments de Musique

```
S  Z  Q  J  O  W  K  S  E  V  R  D  K  D
A  Q  N  G  L  Ö  Ö  K  P  I  L  L  I  D
K  H  B  T  A  M  B  U  R  I  I  N  T  Y
S  F  A  G  O  T  T  S  C  U  Y  S  A  T
O  D  L  M  H  C  A  H  V  L  J  Q  R  R
F  V  B  Ö  A  T  R  O  M  P  E  T  R  U
O  C  G  T  Ö  N  K  L  A  R  N  E  T  M
N  E  N  S  R  T  D  T  Š  E  L  L  O  M
W  K  D  Z  L  J  V  O  B  O  E  O  Q  Y
M  A  R  I  M  B  A  K  L  A  V  E  R  K
J  D  B  G  H  A  H  I  M  I  L  K  O  L
S  U  J  O  A  N  S  U  U  P  I  L  L  E
K  W  B  N  R  J  C  M  E  L  A  N  A  K
P  M  M  G  F  O  T  R  O  M  B  O  O  N
```

BANJO	MARIMBA
FAGOTT	LÖÖKPILLID
KLARNET	KLAVER
FLÖÖT	SAKSOFON
GONG	TRUMM
KITARR	TAMBURIIN
SUUPILL	TROMBOON
HARF	TROMPET
OBOE	VIIUL
MANDOLIIN	TŠELLO

7 - Échecs

```
K  Y  P  N  M  P  P  M  R  K  D  V  M  B
N  U  V  D  M  E  A  U  U  J  I  H  U  E
B  O  N  A  E  G  K  S  N  E  B  Q  S  M
Q  V  Õ  I  S  T  L  U  S  K  C  C  T  D
H  A  W  Y  N  N  H  R  M  I  T  Z  A  A
U  L  M  O  G  G  M  A  P  J  I  I  E  I
D  G  P  Y  U  V  A  S  K  I  V  V  D  B
M  E  I  S  T  E  R  N  U  M  A  E  N  I
F  K  V  F  L  J  E  Y  N  M  S  B  T  E
S  T  R  A  T  E  E  G  I  A  T  L  A  A
V  P  P  D  I  A  G  O  N  A  A  L  R  M
P  O  H  V  E  R  L  Q  G  I  N  A  K  C
M  O  M  Ä  N  G  I  J  A  A  E  T  V  Q
O  K  R  V  H  N  D  R  S  M  Ä  N  G  V
```

VASTANE   PASSIIVNE
VALGE   PUNKTID
MEISTER   KUNINGANNA
VÕISTLUS   REEGLID
DIAGONAAL   KUNINGAS
TARK   OHVER
MÄNG   STRATEEGIA
MÄNGIJA   AEG
MUST

8 - Herboristerie

```
V U O T M P E T E R S E L L
R O S M A R I I N C E S E U
K K B P R L K Ü Ü S L A U K
O U A I J I A G L H N F C A
O L S P O L S V B K W R E R
S I I A R L U L E P F A A O
T N I R A P L I S N S N A M
I A L M M F I I T M D P E A
S A I Ü A E K V R J L E D A
O R K N I B S A A I D Q L T
S G M T T U S T G W U J Q N
A T W S S T B E O Y N W V E
J Z R T E J W E N N M A Z N
Z K V A L I T E E T R C W G
```

KÜÜSLAUK   LAVENDEL
AROMAATNE   MARJORAM
BASIILIK   PIPARMÜNT
KASULIK   PETERSELL
KULINAAR   KVALITEET
ESTRAGON   ROSMARIIN
LILL   SAFRAN
KOOSTISOSA   MAITSE
AED   LIIVATEE

9 - Véhicules

```
D Y B O K S M Q L P Z J T S
K E E D I T W Y L Y A U T O
R W G U I M O O T O R R E H
Z H S G R O L L E R I I V W
H C A D A Q L V J D B G Q M
G T L Z B N T R A K T O R R
V L L M I I A O L N B U A E
E A V E O L K N G G P T K H
O J E T N J S G R V A B E V
A V E R J N O J A A A H T I
U W L O N M U S T T T T T D
T J A O M P C K A P R A A M
O R E B U S S A S Q V L L D
K A V H E L I K O P T E R Y
```

KIIRABI
LENNUK
PAAT
BUSS
VEOAUTO
PRAAM
RAKETT
HELIKOPTER
METROO
MOOTOR

REHVID
PARV
ROLLER
ALLVEELAEV
TAKSO
TRAKTOR
RONG
VAN
JALGRATAS
AUTO

10 - Camping

```
T  K  Ö  I  S  S  K  M  P  T  D  L  L  S
E  Q  A  P  V  I  A  O  Ä  T  Q  O  O  A
L  V  V  N  P  D  A  R  M  G  R  O  O  L
K  D  Õ  P  U  M  R  S  F  P  I  D  M  O
Y  Y  R  A  T  U  T  A  F  G  A  U  A  N
T  J  K  B  U  W  U  M  E  T  S  S  D  G
M  H  K  I  K  U  L  A  T  E  R  N  S  I
N  K  I  M  A  T  E  I  B  S  S  R  M  K
P  C  I  D  S  O  K  N  O  Z  E  N  Ü  T
L  F  K  W  W  B  A  E  K  R  I  Y  T  Y
R  N  J  K  Z  N  H  E  V  U  K  A  S  E
J  Ä  R  V  P  A  J  A  H  T  L  R  H  Y
J  V  I  D  Z  C  U  A  I  N  U  D  K  A
V  A  R  U  S  T  U  S  D  I  S  K  U  U
```

LOOMAD	TULEKAHJU
SEIKLUS	METS
KOMPASS	VÕRKKIIK
SALONGI	PUTUKAS
KANUU	JÄRV
KAART	LATERN
MÜTS	KUU
JAHT	MÄGI
KÖIS	LOODUS
VARUSTUS	TELK

11 - Écologie

```
E  F  T  J  H  V  P  S  M  T  W  E  N  T
L  L  I  I  K  I  Õ  F  I  A  Z  E  P  V
O  O  L  O  O  D  U  S  T  I  R  U  Z  A
O  O  S  U  T  C  D  F  M  M  E  S  G  B
M  R  M  D  J  A  B  D  E  E  S  F  H  A
A  A  Q  E  F  Ä  F  U  K  D  S  S  L  T
S  D  J  N  R  G  Ä  G  E  D  U  W  O  A
T  Y  B  Q  A  E  H  M  S  T  R  E  O  H
I  T  A  I  M  E  S  T  I  K  S  L  D  T
K  L  I  I  M  A  F  U  S  N  S  U  U  L
Z  L  T  S  N  Z  D  E  U  O  E  P  S  I
N  V  Q  D  A  Y  K  B  S  Z  V  A  L  K
G  L  O  B  A  A  L  N  E  V  S  I  I  U
K  O  G  U  K  O  N  N  A  D  J  K  K  D
```

VABATAHTLIKUD	MARSH
KLIIMA	MERE
KOGUKONNAD	LOODUS
MITMEKESISUS	LOODUSLIK
LIIK	TAIMED
LOOMASTIK	RESSURSSE
FLOORA	PÕUD
GLOBAALNE	ELLUJÄÄMINE
ELUPAIK	TAIMESTIK

12 - Astronomie

```
S  U  P  E  R  N  O  O  V  A  P  U  D  G
T  Ä  H  E  L  E  P  A  N  U  Ä  D  E  L
P  Ö  Ö  R  I  P  Ä  E  V  H  I  U  Z  R
G  K  I  I  R  G  U  S  O  Y  K  K  P  M
A  S  T  R  O  N  A  U  T  F  E  O  Y  E
L  V  R  K  C  J  A  W  T  V  S  G  A  T
A  M  A  N  U  A  M  Y  N  A  E  U  U  E
K  A  K  J  C  U  B  Q  O  S  E  E  P  O
T  A  E  O  U  O  J  S  S  T  P  V  L  O
I  L  T  H  L  T  L  Y  P  E  B  B  A  R
K  J  T  M  H  V  U  N  Z  R  K  A  N  S
A  K  O  S  M  O  S  S  K  O  M  B  E  S
A  S  T  R  O  N  O  O  M  I  H  B  E  C
T  Ä  H  T  K  U  J  U  M  D  Y  Z  T  H
```

ASTEROID   KUU
ASTRONAUT   METEOOR
ASTRONOOM   UDUKOGU
TAEVAS   TÄHELEPANU
TÄHTKUJU   PLANEET
KOSMOS   KIIRGUS
VAJUTUS   PÄIKESE
PÖÖRIPÄEV   SUPERNOOVA
RAKETT   MAA
GALAKTIKA

13 - Types de Cheveux

```
P  N  R  K  P  C  L  C  D  H  Q  A  K  L
Õ  A  Q  P  P  T  E  R  V  I  S  L  I  K
I  K  K  A  K  W  M  H  K  U  I  V  I  G
M  D  Y  S  J  U  J  J  A  Q  K  E  L  V
I  R  P  N  N  H  B  J  C  T  L  C  A  K
T  T  V  E  F  K  F  F  G  N  O  V  S  M
U  M  H  Õ  H  U  K  E  P  I  K  K  K  C
D  I  W  B  J  M  V  Ä  R  V  I  T  U  D
L  O  K  K  I  S  E  L  U  G  D  H  H  N
V  P  G  H  B  V  H  H  U  Z  H  E  M  O
M  Z  P  Õ  L  L  A  I  N  E  L  I  N  E
Z  U  W  B  O  C  L  Ä  I  K  I  V  W  C
M  P  S  E  N  V  L  L  Ü  H  I  K  E  H
F  O  V  T  D  D  V  A  L  G  E  K  O  Y
```

HÕBE	LOKKIS
VALGE	HALL
BLOND	PIKK
LOKID	PRUUN
LÄIKIV	ÕHUKE
KIILAS	MUST
VÄRVITUD	LAINELINE
LÜHIKE	TERVISLIK
PEHME	KUIV
PAKS	PÕIMITUD

14 - Restaurant #1

```
E T T E K A N D J A V K G M
K O O S T I S O S A D A U V
T M Q E D F Y U E K F S O Ü
O V P R J L E I B Ö W T I R
K A S S A S T G F Ö P E G T
D J U L O B W P Z K I E Q S
O B L N P G C B L I H A W I
S B I Z K O H V K A N A B K
N P B Z Z A Q J J W A U O A
I C K Q L K U S M B O T G S
T O I T I Z U S S I L S E A
A L L E R G I A S H W W K M
S A L V R Ä T I K M E N Ü Ü
P I U U Q M A G U S T O I T
```

ALLERGIA	KOOSTISOSAD
PLAAT	MENÜÜ
KAUSS	TOIT
KOHV	LEIB
KASSAST	KANA
NUGA	KASTE
KÖÖK	ETTEKANDJA
MAGUSTOIT	SALVRÄTIK
VÜRTSIKAS	LIHA

15 - Mammifères

```
N W H K U C E G T S E B R A
K D J O M Y E W O I Q J K T
F K J E N I P R B R I H A U
A D G R R E B A N E I G M U
L F V B K R L Y N C B L E Z
A O P U F D E L F I I N L R
P I E K Ü Ü L I K A R U R A
U M S A E I E H O B U N E S
L A S S P V V A A L E T K D
L W H S L R A K Ä N G U R U
L A M B A D N K O I O T T L
D B L H U N T T B A Q A C Õ
K A E L K I R J A K H J U V
C Y Q F L E Y O T H O V A I
```

VAAL
KASS
HOBUNE
KOER
KOIOTT
DELFIIN
ELEVANT
KAELKIRJAK
GORILLA
KÄNGURU

KÜÜLIK
LÕVI
HUNT
LAMBAD
KARU
REBANE
AHV
PULL
TIIGER
SEBRA

16 - Sports

M	T	C	L	I	I	K	U	M	I	N	E	K	B
E	J	L	J	U	N	G	J	B	G	M	U	O	A
E	N	M	Ä	M	I	T	U	J	G	B	B	R	U
S	V	Ä	Ä	H	R	U	M	F	H	C	S	V	U
K	Õ	N	H	Y	P	U	A	L	C	K	Y	P	O
O	I	G	O	J	T	V	Õ	I	T	J	A	A	W
N	M	I	K	P	R	Õ	D	G	K	V	R	L	M
D	L	J	I	O	E	I	B	D	I	O	G	L	Ä
E	E	A	W	D	E	S	T	A	A	D	I	O	N
O	M	C	U	S	N	T	A	G	O	L	F	R	G
P	I	P	D	W	E	L	P	P	U	Z	Q	L	P
E	N	N	S	T	R	U	U	V	A	J	W	A	T
T	E	N	N	I	S	S	M	T	E	L	A	N	E
K	O	H	T	U	N	I	K	W	H	D	L	R	T

KOHTUNIK   VÕIMLEMINE
PESAPALL   JÄÄHOKI
KORVPALL   MÄNG
VÕISTLUS   MÄNGIJA
TREENER   LIIKUMINE
MEESKOND   UJUMA
VÕITJA   STAADION
GOLF   TENNIS

17 - Chocolat

```
K  A  R  O  O  M  L  Z  M  A  G  U  S  K
O  K  O  O  S  T  I  S  O  S  A  K  A  A
M  A  A  P  Ä  H  K  L  I  D  P  I  A  L
M  R  A  A  D  P  U  L  B  E  R  B  E  O
I  E  K  S  O  O  T  I  L  I  N  E  T  R
D  A  N  T  I  O  K  S  Ü  D  A  N  T  E
G  P  L  E  M  M  I  K  E  R  U  A  Y  I
K  V  A  L  I  T  E  E  T  O  Z  K  A  D
K  O  O  K  O  S  P  Ä  H  K  E  L  L  B
K  Ä  S  I  T  Ö  Ö  M  A  I  T  S  E  V
M  A  I  T  S  E  R  E  T  S  E  P  T  T
U  F  K  A  R  A  M  E  L  L  M  I  J  T
S  W  C  A  S  U  H  K  U  R  H  C  P  T
Z  G  B  R  O  E  Z  L  H  P  H  R  Q  M
```

KIBE	MAGUS
ANTIOKSÜDANT	EKSOOTILINE
AROOM	LEMMIK
KÄSITÖÖ	MAITSE
KOMMID	KOOSTISOSA
MAAPÄHKLID	KOOKOSPÄHKEL
KAKAO	PULBER
KALOREID	KVALITEET
KARAMELL	RETSEPT
MAITSEV	SUHKUR

18 - Mathématiques

```
V  H  U  L  K  N  U  R  K  G  Q  M  C  O
Õ  T  V  A  S  Ü  M  M  E  E  T  R  I  A
R  Q  E  F  E  Q  J  C  M  O  V  U  Ü  K
R  U  U  T  R  I  S  T  I  M  Q  V  M  O
A  N  P  H  Ö  A  M  Y  T  E  Z  G  B  M
N  U  Z  J  Ö  R  K  S  J  E  N  U  E  A
D  R  V  K  P  B  L  T  R  T  K  E  R  A
A  G  M  C  K  U  K  U  S  R  Z  M  M  S
K  A  S  Q  Ü  B  Z  Q  I  I  O  Q  Õ  U
S  D  E  I  L  E  H  U  A  A  O  E  Õ  M
O  L  Ä  B  I  M  Õ  Õ  T  N  H  O  T  M
O  R  P  H  K  R  A  A  D  I  U  S  N  A
P  A  R  A  L  L  E  E  L  S  E  L  T  W
R  I  S  T  K  Ü  L  I  K  F  R  F  H  A
```

NURGAD	RÖÖPKÜLIK
RUUT	RISTI
ÜMBERMÕÕT	HULKNURK
KOMA	RAADIUS
LÄBIMÕÕT	RISTKÜLIK
VÕRRAND	SUMMA
FRAKTSIOON	KERA
GEOMEETRIA	SÜMMEETRIA
PARALLEELSELT	

19 - Mythologie

```
K  A  R  H  E  T  Ü  Ü  P  E  C  Y  G  S
Õ  A  R  K  A  T  A  S  T  R  O  O  F  Õ
U  A  N  M  A  A  G  I  L  I  N  E  L  D
K  L  V  G  U  Z  U  R  G  L  R  Y  E  A
Ä  O  Ä  O  E  K  S  U  R  E  L  I  K  L
I  O  L  U  N  L  A  N  O  G  I  V  K  A
T  M  K  E  A  H  A  D  L  E  M  N  U  N
U  I  T  L  T  K  F  N  E  N  Y  G  L  E
M  N  O  Q  G  I  U  H  N  D  T  M  T  O
I  E  G  A  B  N  S  P  D  A  U  Q  U  Y
N  K  Q  T  U  G  E  V  U  S  H  S  U  M
E  S  U  R  E  M  A  T  U  S  Y  E  R  U
B  Q  O  T  B  K  A  N  G  E  L  A  N  E
L  A  B  Ü  R  I  N  T  N  W  C  U  P  C
```

ARHETÜÜP   KANGELANE
KATASTROOF   SUREMATUS
KÄITUMINE   ARMUKADEDUS
LOOMINE   LABÜRINT
OLEND   LEGEND
KULTUUR   MAAGILINE
VÄLK   KOLETIS
TUGEVUS   SURELIK
SÕDALANE   KÕU
KANGELANNA

20 - Restaurant #2

```
L U S I K A S N M Y U L J E
K W O J O O K N U B T V E M
Ö M O P O E M B S U I K K Z
Ö K L Q K G B B V A D A I V
G M A I T S E V B E L L D B
I L V H V Ü R T S I D A I K
V Õ D O V L Q B Y J Ä Ä T D
I U F K E E Õ H T U S Ö Ö K
L N K A J G L Z T L Q Y C J
J A E V E S I J J M C A P M
A T L P U U V I L J A D R U
D O N B F P F H N R Y G Z N
F O E O N P Q M P P W J E A
J L R I I C B G F G A H U D
```

JOOK	KOOK
TOOL	JÄÄ
LUSIKAS	KÖÖGIVILJAD
LÕUNA	NUUDLID
MAITSEV	MUNAD
ÕHTUSÖÖK	KALA
VESI	SALAT
VÜRTSID	SOOL
KAHVEL	KELNER
PUUVILJAD	SUPP

21 - Couleurs

```
J  I  V  I  V  S  D  G  M  E  V  H  U  F
Z  S  K  O  N  Z  I  J  Q  F  A  P  U  W
R  O  O  S  A  D  F  N  D  A  L  R  K  P
D  R  L  E  K  D  I  U  I  O  G  U  J  T
B  A  L  E  K  E  N  G  K  N  E  U  B  P
T  N  A  P  B  B  N  Z  O  S  E  N  M  C
Q  Ž  N  I  V  R  O  H  E  L  I  N  E  P
K  Q  E  A  H  D  L  Z  S  H  R  A  N  U
B  E  E  Ž  S  V  E  J  P  A  L  A  J  N
R  H  R  N  O  Z  E  K  J  L  I  L  L  A
M  U  S  T  S  Ü  A  A  N  L  L  T  F  N
E  U  H  K  M  K  I  Y  U  M  U  R  Z  E
J  S  D  R  N  U  R  Y  S  W  U  A  B  A
M  A  G  E  N  T  A  U  D  K  J  P  U  F
```

BEEŽ	PRUUN
VALGE	MUST
SININE	ORANŽ
TSÜAAN	ROOSA
FUKSIA	PUNANE
HALL	SEEPIA
INDIGO	ROHELINE
KOLLANE	LILLA
MAGENTA	

22 - Avions

```
T  G  R  M  P  L  J  E  A  D  N  M  Õ  R
N  K  K  E  R  B  A  M  A  C  U  O  H  E
F  G  G  E  O  K  L  S  K  A  A  O  U  I
R  T  V  S  P  A  Q  U  K  F  J  T  P  S
S  G  T  K  E  A  E  U  J  U  W  O  A  I
A  C  E  O  L  Z  Q  N  O  P  M  R  L  J
Õ  T  G  N  L  L  H  D  S  I  I  I  L  A
H  E  M  D  E  S  E  I  K  L  U  S  N  V
K  H  K  O  R  K  C  A  Ü  O  T  T  V  E
B  I  J  Õ  S  B  D  Q  T  O  A  U  T  S
M  T  G  R  R  F  B  H  U  T  E  G  J  I
M  U  T  Z  P  G  Ä  C  S  S  V  E  A  N
L  S  P  N  S  O  U  Ä  O  O  A  U  G  I
A  J  A  L  U  G  U  S  R  S  S  D  E  K
```

ÕHK	MEESKOND
ATMOSFÄÄR	KÕRGUS
SEIKLUS	PROPELLER
ÕHUPALL	AJALUGU
KÜTUS	VESINIK
TAEVAS	MOOTOR
EHITUS	REISIJA
LASKUMINE	PILOOT
SUUND	

23 - Aventure

```
N O F O R V Õ I M A L U S H
W P H L E Q M L T S T K Ü N
R B M T T B D O E I E W L A
S P P H L P E O E H G E L V
Y Õ G V R I R D K T E J A I
C K B I M Õ K U O K V O T G
Y H K R G E Õ S N O U H A A
M F Y B A C L M D H S U V T
T U F L N D Z F Y T Q T U S
E K S K U R S I O O N U U I
E B A H A R I L I K O S S O
F S B N E N T U S I A S M O
R A S K U S E D F Z N Z N N
V Ä L J A K U T S E D G E Y
```

TEGEVUS   EKSKURSIOON
SÕBRAD   EBAHARILIK
ILU   TEEKOND
VÕIMALUS   RÕÕM
OHTLIK   LOODUS
SIHTKOHT   NAVIGATSIOON
VÄLJAKUTSED   UUS
RASKUSED   OHUTUS
ENTUSIASM   ÜLLATAV

24 - Ville

```
R E S T O R A N K Z K S T T
Z A P T E E K W F J O I E A
L R A A M A T U P O O D A G
O I K M U U S E U M L C T O
K G L L A Ü L I K O O L E R
K I I L S T A A D I O N R T
H I I R E K U G A L E R I I
O S N K K P Y K T U R G H O
T K I O Q C O J O J J N L V
E F K F V J B O W G R U C U
L O O M A A E D D G U Y V H
L U P A G A R I T Ö Ö B Z K
T P A N K L E N N U J A A M
S U P E R M A R K E T D Y B
```

LENNUJAAM	RAAMATUPOOD
PANK	TURG
RAAMATUKOGU	MUUSEUM
PAGARITÖÖ	APTEEK
KINO	RESTORAN
KLIINIK	STAADION
KOOL	SUPERMARKET
LILLEPOOD	TEATER
GALERII	ÜLIKOOL
HOTELL	LOOMAAED

25 - Cuisine

```
E  L  P  K  D  K  U  L  P  N  A  L  Q  S
S  U  U  Õ  Ü  Q  J  U  Y  H  A  H  L  A
A  S  R  H  L  L  I  R  W  H  K  Z  V  L
U  I  K  H  Y  L  M  R  R  L  M  N  Ü  V
R  K  A  N  N  K  D  I  O  Y  Z  P  R  R
K  A  H  I  R  S  V  V  K  N  M  A  T  Ä
K  D  G  R  I  L  L  Z  Q  I  O  T  S  T
K  A  H  V  L  I  D  T  O  I  T  A  I  I
V  E  E  K  E  E  T  J  A  T  N  S  D  K
S  Ö  Ö  G  I  P  U  L  G  A  D  S  R  A
J  K  J  F  F  S  C  I  P  O  B  L  F  U
A  I  W  W  I  B  G  T  Q  B  P  U  N  S
K  Ä  S  N  A  B  R  E  T  S  E  P  T  S
S  Ü  G  A  V  K  Ü  L  M  I  K  M  G  A
```

SÖÖGIPULGAD	KAHVLID
KAUSS	GRILL
VEEKEETJA	KULP
SÜGAVKÜLMIK	TOIT
NOAD	PURK
KANN	RETSEPT
LUSIKAD	KÜLMIK
VÜRTSID	SALVRÄTIK
KÄSNA	PÕLL
AHI	TASS

26 - Gentillesse

```
S A L L I V V C L Õ T B M Y
P A T S I E N T U N Ä G I O
K M U O W H Z S G N H L D C
R A Õ R V D U M U E E H Z O
N R A I A W H O P L L F J J
I M U S S B B T I I E J N G
D A S Õ T T Q L D K P Õ Z M
T S T B U U M H A F A U R U
H T K R V E N I V C N C G N
E A F A Õ U W D N J E A U H
L V T L T N U L L E L I V A
L L Y I L N M W J I I Y D K
O F O K I E H T N E K V A J
R P O R K H E L D E D Y Z F
```

HELL   HELDE
ARMASTAV   ÕNNELIK
SÕBRALIK   AUS
TÄHELEPANELIK   PATSIENT
EHTNE   LUGUPIDAV
KAASTUNDLIK   VASTUVÕTLIK
MÕISTMINE   SALLIV
ÕRN

27 - Corps Humain

```
N  Ä  G  U  S  F  T  R  H  E  C  G  I  A
I  J  G  I  S  Ü  D  A  Y  W  C  C  H  M
N  N  L  S  U  V  E  R  I  M  F  J  L  L
A  K  G  L  U  H  C  T  W  O  L  J  H  C
J  Ü  F  R  T  K  F  A  H  P  A  Õ  A  Y
U  Ü  W  Z  S  L  W  I  K  U  U  U  U  T
M  N  A  H  K  Õ  H  T  L  C  U  N  K  G
P  A  H  K  L  U  U  Z  F  C  H  L  A  J
J  R  U  Ä  P  A  I  S  T  V  U  P  E  A
M  N  G  S  A  L  F  Z  L  V  Õ  Õ  L  D
K  U  I  I  K  U  T  O  A  B  B  L  J  D
K  K  J  W  T  U  K  Õ  R  V  S  V  G  D
W  K  Z  Y  S  Õ  R  M  C  K  M  D  D  S
F  V  Y  E  H  K  P  Q  B  G  R  R  Z  C
```

SUU	HUULED
AJU	KÄSI
PAHKLUU	LÕUALUU
KAEL	LÕUG
KÜÜNARNUKK	NINA
SÜDA	KÕRV
SÕRM	NAHK
KÕHT	VERI
ÕLG	PEA
PÕLV	NÄGU

28 - Épices

```
S K O R I A N D R I R E J E
I K A K A R R I A N I I S I
B N Y R P I P A R G I I A S
U A O V D K I B E V D W F Q
L T A G U E R I S E W K R P
K A N E E L M Y Q R Q F A L
S O O L U G A O A W T Z N Y
K V Z P L U I C N U D V C N
Ö A N Q S W T L A G R I T S
Ö N H J K M S V C B F F A Q
M I M A P T E E G I T I L L
N L D Q P A P R I K A I B J
E L B W U U K Ü Ü S L A U K
D M U S K A A T P Ä H K E L
```

HAPU	INGVER
KÜÜSLAUK	MUSKAATPÄHKEL
KIBE	SIBUL
ANIISI	PAPRIKA
KANEEL	PIPAR
KARDEMON	LAGRITS
KORIANDRI	SAFRAN
KÖÖMNED	MAITSE
KARRI	SOOL
APTEEGITILL	VANILL

29 - Science

```
S  K  L  I  I  M  A  Z  M  I  C  O  I  N
S  K  A  L  A  B  O  R  O  H  P  R  G  O
C  B  T  T  T  J  M  F  L  Ü  Q  G  M  O
V  Q  R  J  S  M  I  O  E  P  F  A  K  T
A  A  T  O  M  E  N  S  K  O  P  N  E  U
R  V  R  P  G  E  E  S  U  T  J  I  E  O
V  A  O  E  P  T  R  I  L  E  U  S  M  Y
N  A  S  D  M  O  A  I  I  E  U  M  I  K
U  T  O  K  D  D  A  L  D  S  H  V  L  V
O  L  R  Q  U  H  L  M  O  P  Z  Y  I  O
U  U  Z  H  W  S  I  C  V  O  B  O  N  Q
Q  S  O  V  C  G  D  U  A  N  D  M  E  D
O  S  A  K  E  S  E  D  N  T  J  U  C  Z
F  Ü  Ü  S  I  K  A  B  E  W  T  K  S  O
```

AATOM	LABOR
KEEMILINE	MEETOD
KLIIMA	MINERAALID
ANDMED	MOLEKULID
KATSE	LOODUS
FAKT	VAATLUS
FOSSIIL	ORGANISM
RASKUS	OSAKESED
HÜPOTEES	FÜÜSIKA

30 - Chats

```
H U L L U M K K Ä P A A B H
K R J J U C K Y Ü U C D K Ä
M Q D Q D S A B A Ü G S A B
V Ä H E I P K C G N C R E
N A E E S A W U B J N I U L
L O L K H I I R G A A S S I
L E L I I U K B S J L I N K
K Õ K I M W L V F A J K A Q
M Ä N G U L I N E H A S H H
S E R G L M E T S I K U A M
D R E V I P I M O M A S R S
I J H R K I I R E E S R T C
I S E S E I S E V E M T V W
M A G A M A Z P E S D Z M V
```

HELL	ISESEISEV
JAHIMEES	KÄPA
UUDISHIMULIK	ISIKSUS
MAGAMA	VÄHE
NALJAKAS	SABA
MÄNGULINE	KIIRE
LÕNG	METSIK
HULL	HIIR
KARUSNAHA	HÄBELIK
KÜÜNIS	

31 - Vêtements

```
S  A  W  M  M  Q  C  I  C  E  O  J  A  U
C  A  K  O  V  F  F  Q  P  G  G  O  J  L
W  G  N  O  J  A  G  A  N  M  W  P  L  A
Q  P  I  D  Ž  A  A  M  A  A  V  E  G  D
M  A  E  K  A  M  P  S  U  N  Ö  H  S  P
W  Ü  Y  H  S  A  P  R  S  T  Ö  E  E  Õ
F  Z  T  S  A  H  L  K  L  E  I  T  E  L
A  R  E  S  S  B  U  I  A  L  L  Q  L  L
P  Ü  K  S  I  D  U  N  D  L  S  I  I  I
L  M  S  H  C  L  S  G  B  C  Ä  A  K  U
P  L  A  B  I  J  U  A  R  N  R  O  L  H
E  W  D  B  W  K  A  E  L  A  K  E  E  L
K  Ä  E  V  Õ  R  U  K  I  N  D  A  D  Q
F  N  O  L  K  D  I  P  O  K  D  B  K  P
```

KÄEVÕRU	SEELIK
VÖÖ	MANTEL
MÜTS	MOOD
KINGA	PÜKSID
SÄRK	KAMPSUN
PLUUS	PIDŽAAMA
KAELAKEE	KLEIT
SALL	SANDAALID
KINDAD	PÕLL
TEKSAD	JOPE

32 - Arts Visuels

```
P  K  S  U  Y  F  F  O  T  O  Q  M  M  L
O  O  A  R  H  I  T  E  K  T  U  U  R  O
R  O  V  G  A  L  A  W  S  M  H  D  P  O
T  S  D  L  S  M  O  L  B  E  R  T  E  V
R  T  S  A  K  U  N  S  T  N  I  K  R  U
E  I  S  S  U  S  L  R  A  S  N  G  S  S
E  S  N  M  L  Z  Y  A  Q  V  T  Y  P  Ü
V  A  H  A  P  M  I  K  K  F  I  V  E  S
A  F  K  R  T  W  R  S  R  K  K  Q  K  I
D  J  Q  I  U  A  Y  P  L  I  I  A  T  S
Z  W  J  Q  U  F  F  P  K  Y  I  O  I  K
D  A  K  E  R  A  A  M  I  K  A  T  I  W
K  T  M  A  A  L  I  I  C  R  O  A  V  S
F  I  F  Š  A  B  L  O  O  N  S  Y  N  A
```

ARHITEKTUUR	LOOVUS
SAVI	FILM
KUNSTNIK	MAALI
KERAAMIKA	PERSPEKTIIV
SÜSI	FOTO
MOLBERT	ŠABLOON
VAHA	PORTREE
KOOSTIS	SKULPTUUR
KRIIT	LAKK
PLIIATS	

33 - Méditation

```
V  V  A  I  M  N  E  W  T  Ä  N  U  D  I
A  Z  O  B  P  U  J  O  Ä  E  B  B  L  K
S  E  L  G  U  S  Z  N  H  B  U  S  L  N
T  P  O  O  S  N  S  W  E  E  R  P  I  D
U  F  E  Q  O  K  B  P  L  M  A  V  I  K
V  L  S  R  H  D  C  I  E  U  H  D  K  A
Õ  D  W  A  S  K  U  L  P  U  U  V  U  A
T  G  C  H  N  P  J  S  A  S  L  A  M  S
T  Q  Q  U  D  E  E  J  N  I  I  I  I  T
V  A  A  T  L  U  S  K  U  K  K  K  N  U
Ä  R  K  V  E  L  P  C  T  A  U  U  E  N
H  I  N  G  A  M  I  N  E  I  T  S  D  N
H  A  R  J  U  M  U  S  E  D  I  A  M  E
E  M  O  T  S  I  O  O  N  E  N  V  L  S
```

VASTUVÕTT
TÄHELEPANU
RAHULIK
SELGUS
KAASTUNNE
EMOTSIOONE
ÄRKVEL
HEADUS
TÄNU
HARJUMUSED

VAIMNE
LIIKUMINE
MUUSIKA
LOODUS
VAATLUS
RAHU
PERSPEKTIIV
POOS
HINGAMINE
VAIKUS

34 - Littérature

```
A L U U L E T U S T I I L M
N N P H J U T U S T A J A E
E Y A P O E E T I L I N E T
K H B L K I R J E L D U S A
D O O F O V U I K I N T D F
O J Q W J O Õ K P N S E I O
O Ä R I I M G R O B L E A O
T R B J J I A I D M W M L R
U E Ü N S R N M A L A A O W
T L J T M R A L I T U Y O N
U D D S M D L J G P J S G P
W U Z N L T Ü F I C T I O N
E S R N Z Q Ü Y E A U T O R
R O M A A N S E L U L U G U
```

ANALOOGIA
ANALÜÜS
ANEKDOOT
AUTOR
ELULUGU
VÕRDLUS
JÄRELDUS
KIRJELDUS
DIALOOG
FICTION

METAFOOR
JUTUSTAJA
LUULETUS
POEETILINE
RIIM
ROMAAN
RÜTM
STIIL
TEEMA

35 - Nourriture #1

```
L  H  Q  C  S  K  B  S  P  I  N  A  T  T
F  K  O  R  A  Ü  A  I  K  Y  U  A  T  A
T  M  O  J  L  Ü  S  D  S  U  H  K  U  R
P  F  Z  D  A  S  I  R  U  S  W  N  U  M
S  O  O  L  T  L  I  U  P  I  I  M  N  P
D  F  D  S  O  A  L  N  P  B  W  A  I  K
A  W  Z  R  E  U  I  Y  O  U  R  H  K  G
K  O  H  V  A  K  K  E  R  L  G  L  A  M
K  L  A  P  I  R  N  U  G  E  H  A  L  K
F  A  I  H  J  A  M  A  A  S  I  K  A  S
T  F  N  H  E  H  O  D  N  A  E  R  I  S
A  A  V  E  A  P  P  B  D  M  H  B  J  H
Q  N  K  A  E  R  H  N  E  B  M  B  T  K
Q  D  V  N  K  L  O  Z  V  K  M  Q  J  Y
```

KÜÜSLAUK	NAERIS
BASIILIK	SIBUL
KOHV	ODRA
KANEEL	PIRN
PORGAND	SALAT
SIDRUN	SOOL
SPINAT	SUPP
MAASIKAS	SUHKUR
MAHL	TUUNIKALA
PIIM	LIHA

36 - Jours et Mois

```
F  J  A  P  O  K  T  O  O  B  E  R  Q  N
K  E  P  Ü  J  Z  G  D  S  I  E  M  U  O
Z  W  R  H  Z  K  O  L  M  A  P  Ä  E  V
W  S  I  A  R  U  F  F  A  Q  D  R  C  E
S  N  L  P  Y  U  C  L  N  U  Q  T  D  M
T  N  L  Ä  O  Z  B  O  O  V  P  S  A  B
J  E  V  E  E  B  R  U  A  R  W  Ä  Q  E
U  L  I  V  J  J  U  U  N  I  K  A  E  R
U  J  N  S  K  A  L  E  N  D  E  R  A  V
L  A  Y  S  I  L  A  U  U  V  H  Y  U  R
I  P  Z  R  D  P  O  N  Ä  D  A  L  G  E
E  Ä  V  E  J  H  Ä  Q  U  Z  V  L  U  E
S  E  P  T  E  M  B  E  R  A  O  L  S  D
M  V  V  G  T  O  B  D  V  F  R  R  T  E
```

AUGUST   MÄRTS
APRILL   KOLMAPÄEV
KALENDER   KUU
PÜHAPÄEV   NOVEMBER
VEEBRUAR   OKTOOBER
JAANUAR   LAUPÄEV
NELJAPÄEV   NÄDAL
JUULI   SEPTEMBER
JUUNI   REEDE
TEISIPÄEV

37 - Pirates

```
I  V  R  B  Y  J  H  C  E  S  K  V  W  R
P  J  Y  L  U  L  I  P  P  B  R  W  T  R
S  E  I  K  L  U  S  N  L  Q  E  E  R  F
A  Z  D  A  F  J  Y  V  M  M  Õ  Õ  K  M
A  A  G  N  R  K  A  P  T  E  N  I  O  D
R  A  G  K  U  M  L  F  I  B  C  W  O  Z
Z  R  I  U  M  R  E  Y  H  F  R  V  B  Q
L  E  B  R  M  H  G  E  J  Z  J  R  A  R
O  O  K  E  A  N  E  P  S  V  C  D  S  M
H  H  A  D  C  E  N  M  W  K  U  L  D  Ü
A  O  T  K  G  F  D  M  G  A  O  L  L  N
L  G  P  A  P  A  G  O  I  A  K  N  W  D
B  Y  T  U  Z  V  G  B  R  R  A  N  D  I
B  O  A  L  W  V  F  T  S  T  K  F  D  D
```

ANKUR	SAAR
SEIKLUS	LEGEND
KAPTEN	HALB
KAART	OOKEAN
ARM	KULD
OHT	PAPAGOI
LIPP	MÜNDID
MÕÕK	RAND
MEESKOND	RUMM
KOOBAS	AARE

38 - Activités

```
N V U T B K A L A P Ü Ü K T
J A H T F Z E K E R S T Ä E
W B E D L S A R U G B H S G
M A A G I A B Õ A N D C I E
H U V I D W S Õ Z A S T T V
H P Q W J K I M F O M T Ö U
F O T O G R A A F I A I Ö S
C H G E G O H I F M R J K W
L U G E M I N E A Ä B T C A
M A T K A M I N E N L R Y O
T E L K I M I N E G D R R S
T P L Z C A B U P U A U I K
N D F Z A A I Z Q D H D S U
Y W Õ M B L E M I N E V N S
```

TEGEVUS	MÄNGUD
KUNST	LUGEMINE
KÄSITÖÖ	VABA
TELKIMINE	MAAGIA
KERAAMIKA	MAAL
JAHT	KALAPÜÜK
OSKUS	FOTOGRAAFIA
ÕMBLEMINE	RÕÕM
HUVID	MATKAMINE
AIANDUS	

39 - Fleurs

```
C R P G A R D E E N I A L W
M J I T Y S O T U L B I I H
L D I S A G T O L F M F L O
I A V C T K E M S C T U L Y
I I V V H I B I S K I R A N
L S K E Q M K P O J E N G L
I Y P J N P Ä E V A L I L L
A O R H I D E E A V P N E I
R B S N F U E O Z E N J K H
J A S M I I N L B A H C U B
K A N N A T U S L I L L W D
K R O O N L E H T F L E P C
R H S S S I V Õ I L I L L G
M A G N O O L I A A J B H D
```

KIMP	ORHIDEE
GARDEENIA	KANNATUSLILL
HIBISK	KROONLEHT
JASMIIN	VÕILILL
LAVENDEL	POJENG
LILLA	ROOS
LIILIA	PÄEVALILL
MAGNOOLIA	RISTIK
DAISY	TULBI

40 - Nourriture #2

```
B K S J B L A K L S Q O K M
V A F T P A D S P E C I I A
I L W G L O K Õ Q E I S I N
I A R G V C I L Q N S B V D
N O L A G B R L A N Y A I E
A H E B S Y S E Z Ž Q N O L
M B M T I Y S R E M A A C Y
A O R T N T Õ U C A R A Q A
R N I O K M U N A N L N N L
J I I M K A N A V G A M A E
A S S A S K Š O K O L A A D
A U S T W Z O U D U K S V N
Z S Z N U E Q L E N F G H H
B W B N W S D I I W P W Z T
```

MANDEL	KIIVI
BAKLAŽAAN	MANGO
BANAAN	MUNA
NISU	LEIB
BROKKOLI	KALA
KIRSS	ÕUN
SELLER	KANA
SEEN	VIINAMARJA
ŠOKOLAAD	RIIS
SINK	TOMAT

41 - Océan

```
M Q E A O V E K A R I D N G
K E K Ä S N A N U I A Z U T
T O R V V G U J S G M O D U
O F R E D V B S T Z F U D U
R E O A V I L D E L F I I N
M L V M L E M K R A B I V I
V M V U E L T Z V O O P G K
Y Y R Y V D E I S A F A S A
T M I H A I U D K I V A A L
L A I N E D L U O A N T E A
K I L P K O N N S Z D W W Y
Z R K A H E K S A J A L G Y
T J M A N G E R J A S O O L
K R E V E T I D K A L A Y R
```

MEREVETIKAD   MEDUUS
ANGERJAS   KALA
VAAL   KAHEKSAJALG
PAAT   HAI
KORALL   KARI
KRABI   SOOL
KREVETID   TORM
DELFIIN   TUUNIKALA
KÄSNA   KILPKONN
AUSTER   LAINED

42 - Remplir

```
V V E P P F T Y D D K O R V
K A A A U L A E V P A K E T
G A N U D R S D C T S F K W
D S S N E V K O F T T G F Z
Ä V C T L D U K R O K J Z O
M A I R I B Ü M B R I K K K
B D P J W W M P G U S I A O
E K A R P S V K K C A J U T
R Y I Z V A G O S D H E S T
T K E S R L M Z I B T L T J
I T A W Z V B S F O E B A L
T Ü N N K O H V E R L Q J B
B R Y M L B R Q R J D C U G
F A O J T S L W Z Y K M D A
```

VANN	PAKET
TÜNN	SALV
KAST	TASKU
PUDEL	PURK
KASTI	KOTT
KARP	ÄMBER
KAUSTA	SAHTEL
ÜMBRIK	TORU
LAEV	KOHVER
KORV	VAAS

43 - Ballet

```
L  I  H  A  S  E  D  P  S  M  O  B  T  K
B  A  L  E  R  I  I  N  U  O  Y  E  A  O
O  R  K  E  S  T  E  R  G  B  O  V  V  R
Q  O  Ž  L  N  C  R  T  V  R  L  L  A  E
T  L  H  E  L  I  L  O  O  J  A  I  O  O
T  A  N  T  S  I  J  A  D  G  D  R  K  G
Y  K  U  N  S  T  I  L  I  N  E  Ü  P  R
G  R  A  A  T  S  I  L  I  N  E  T  E  A
K  P  I  N  K  S  G  D  B  V  N  M  A  A
T  E  H  N  I  K  A  K  Y  Z  S  D  P  F
Q  B  G  N  Q  Q  Z  O  S  K  U  S  R  I
I  N  T  E  N  S  I  I  V  S  U  S  O  A
D  E  R  H  I  T  S  T  I  I  L  Y  O  V
M  U  U  S  I  K  A  P  L  A  U  S  V  W
```

APLAUS	LIHASED
KUNSTILINE	MUUSIKA
BALERIIN	ORKESTER
KOREOGRAAFIA	TAVA
OSKUS	PUBLIK
HELILOOJA	PEAPROOV
TANTSIJAD	RÜTM
ŽEST	SOOLO
GRAATSILINE	STIIL
INTENSIIVSUS	TEHNIKA

44 - Fruit

```
R G Z E Y P A K E A V R O V
Y U D M M A R I I B O S R I
V A T E V P R R W I E P A R
A J J L B A H S P Q V K N S
A A I O C I K S Y B P I Ž I
R A Z N O A S Q B M I V V K
I V L G O N E K T A R I I N
K A V O K A A D O N N E E T
A A N A N A S S L G Z A L M
S I D R U N W Q Y O C B A B
T P Õ V I I N A M A R J A N
Y C U Z K G J U U S S F V I
F H N E O E H C Q A N Z L D
N M W A P R I K O O S R L T
```

APRIKOOS	KIIVI
ANANASS	MANGO
AVOKAADO	MELON
MARI	NEKTARIIN
BANAAN	ORANŽ
KIRSS	PAPAIA
SIDRUN	VIRSIK
JOON	PIRN
VAARIKAS	ÕUN
GUAJAAV	VIINAMARJA

45 - Surf

```
K V D A G F K L Õ B U E Q W
P A K F C V Õ A A U J F N R
W H R A N D H I L D U Y I A
M T O I Y E T N R G M M K H
E Õ O E L O J E U C A B W V
I L L M S T I I L I B J W A
S I H A P Q G S U Q T H A D
T Q W F O O K E A N V T W M
E J Ä Ä R M U S L I K U R H
R M F U T Z L P V B I G L O
P O P U L A A R N E I E I K
A E P C A T Q V Q Y R V L S
S K O N N K C C E Q U U M K
L O F Q E Y F P M N S S Q P
```

LÕBU
SPORTLANE
MEISTER
ALGAJA
KÕHT
ÄÄRMUSLIK
TUGEVUS
RAHVAD
ILM
VAHT

UJUMA
OOKEAN
MÕLA
RAND
POPULAARNE
KARI
STIIL
LAINE
KIIRUS

46 - Technologie

```
G D T K J V T K R P Y K B H
J I U M P B U N U J W W L J
Y G R V I I R U S R H E O V
U I V V I E F A I L S G G E
U T A N I K O R M W K O I E
R A L P S R N F Z B R K R B
I A I S T A T I S T I K A I
M L S S A A U U G G Y C T B
I N U Õ R N R A A Z B W I R
S E S N K U V K A A M E R A
T R P U V I P R S K L T D U
Ö Q V M A R V U T I E N T S
Ö V M H R F A N D M E D E E
T B V R A I N T E R N E T R
```

BLOGI
KAAMERA
KURSORI
ANDMED
EKRAAN
FAIL
INTERNET
TARKVARA
SÕNUM

VEEBIBRAUSER
DIGITAALNE
ARVUTI
FONT
UURIMISTÖÖ
TURVALISUS
STATISTIKA
VIRTUAALNE
VIIRUS

47 - Météo

```
V I K E R K A A R N M Y P T
T R O O P I L I N E K W I E
T O R M F P L V F R H O L M
A F R I M E L I H T N E V P
E T Y K Z H B J G M R K T E
V N M A A I J Q Q R A L J R
A U P O L A A R N E H I O A
S I D D S M N W S K U I V T
D P Õ U D F Ä I K E L M K U
L T Z S G J Ä Ä B G I A V U
M U S S O O N Ä K L K S K R
T U U L U M T O R N A A D O
Q F G N Q N Y K F D Z A Y G
G M Z F S I R D L V W B N S
```

VIKERKAAR   ORKAAN
ATMOSFÄÄR   POLAARNE
IMELIHTNE   KUIV
UDU   PÕUD
RAHULIK   TEMPERATUUR
TAEVAS   TORM
KLIIMA   ÄIKE
JÄÄ   TORNAADO
MUSSOON   TROOPILINE
PILV   TUUL

48 - Châteaux

```
D  K  U  N  I  N  G  R  I  I  K  S  F  E
Ü  R  J  M  M  K  R  O  O  N  S  E  G  Z
N  Q  A  V  Õ  R  P  O  F  N  O  I  K  R
A  I  W  A  Õ  H  J  R  B  B  A  N  B  R
S  O  J  Ü  K  S  S  A  R  V  I  K  I  D
T  N  V  F  S  O  O  D  U  S  A  I  A  W
I  E  H  E  G  G  N  R  A  G  U  L  K  A
A  C  T  O  C  C  P  T  O  R  N  P  J  A
H  H  H  D  B  P  R  P  R  Ü  Ü  T  E  L
Ü  L  L  A  S  U  I  E  A  V  T  F  N  J
K  I  W  A  W  A  N  J  T  L  M  Z  W  G
J  L  Y  L  W  S  T  E  M  S  E  T  H  O
J  L  I  N  N  U  S  G  S  Z  E  E  Z  L
P  U  P  E  I  M  P  E  E  R  I  U  M  B
```

SOODUS
KILP
RAGULKA
HOBUNE
RÜÜTEL
KROON
DRAAKON
DÜNASTIA
IMPEERIUM
MÕÕK

FEODAALNE
LINNUS
ÜKSSARVIK
SEIN
ÜLLAS
PALEE
PRINTS
KUNINGRIIK
TORN

49 - Randonnée

```
K V P A R K N E T Q Y K M L
L Ä J Ä B L O T E Y M B L O
I S U T I V R T L K M R P O
I I H E L K I E K D I G A D
M N E K M A E V I E T V O U
A U N A E L N A M Ä G I I S
A D D A T J T L I Z I J R D
H L I R S U A M N L L F S F
L K D T I Y T I E R W D Q J
L O F Y K S S S A A P A D L
F T O C W R I T K S T M W N
U N R M E G O U Z K K G R Q
K W J U A D O S V E S I V T
V W Z L C D N L D D J J O O
```

LOOMAD
SAAPAD
TELKIMINE
KAART
KLIIMA
VESI
KALJU
VÄSINUD
JUHENDID
RASKE

ILM
MÄGI
LOODUS
ORIENTATSIOON
PARK
KIVID
ETTEVALMISTUS
METSIK
PÄIKE

50 - Meubles

```
A L M T U G I T O O L A M P
A A V R O V Z U O F N K R T
I U R V P O K M A Y W U M H
V D G W K O L P F K H M A J
G T G P E D I I V A N M D M
R I I U L I D P Õ R E U R A
Z O A I J A I A R D F T A W
N B G R Q A C D K I U S T O
E R Z P M S N J K N T S S U
L N G A I O V A I A O I N Y
Z M F D A N I D I D N Z P F
D L U I Z U K R K A D N F U
F C S E E L U J E L H P Y P
I P E E G E L V A I P Q A A
```

ARMOIRE	FUTON
PINK	VÕRKKIIK
LAUD	LAMP
DIIVAN	VOODI
TOOL	MADRATS
KUMMUT	PEEGEL
PADJAD	PADI
RIIULID	KARDINAD
TUGITOOL	VAIP

51 - Art

```
M Q Q R I D Z Z S J E S K K
A I S I K L I K Ü O Y K U E
A U S F W V K O R O O U J E
L T U J U Ä E O R N R L U R
I H C P W L R S E I I P T U
D J U Y Z J A T A S G T A L
L I H T N E A I L Ü I U D I
L U U L E N M S I M N U A N
Y T I V U D I R S B A R K E
P C U U H U K K M O A T K V
G G Q K T S A C N L L A G I
R M B R Y S T E E M A R W Q
I N S P I R E E R I T U D C
V I S U A A L N E U J C T E
```

KERAAMIKA
KEERULINE
KOOSTIS
LUUA
KUJUTADA
VÄLJENDUS
JOONIS
AUS
TUJU
INSPIREERITUD

ORIGINAAL
MAALID
ISIKLIK
LUULE
SKULPTUUR
LIHTNE
TEEMA
SÜRREALISM
SÜMBOL
VISUAALNE

52 - Nutrition

```
D  I  E  E  T  K  R  N  P  S  K  T  T  V
K  V  A  L  I  T  E  E  T  N  O  J  E  Ü
Ä  U  E  V  Z  F  N  W  S  Z  O  M  R  R
Ä  H  U  D  A  M  B  A  M  H  S  P  V  T
R  S  J  I  E  L  P  E  H  S  T  B  I  S
I  K  A  A  L  L  G  E  L  Ö  I  N  S  I
M  I  S  M  L  B  I  U  B  Ö  S  I  K  D
I  B  K  A  S  T  E  K  D  D  O  S  A  T
N  E  K  I  H  E  O  T  E  A  S  U  L  O
E  V  I  T  A  M  I  I  N  V  A  T  O  K
W  F  E  S  E  V  O  L  P  U  D  S  R  S
U  W  T  E  R  V  I  S  L  I  K  Z  E  I
S  E  E  D  I  M  I  N  E  W  K  D  I  I
B  S  Ü  S  I  V  E  S  I  K  U  I  D  N
```

KIBE	VEDELIKE
ISU	KAAL
KALOREID	VALGUD
SÖÖDAV	KVALITEET
DIEET	TERVISLIK
SEEDIMINE	TERVIS
VÜRTSID	KASTE
KÄÄRIMINE	MAITSE
SÜSIVESIKUID	TOKSIIN
KOOSTISOSAD	VITAMIIN

53 - Science Fiction

```
K U J U T E L D A V S H W K
T U L E K A H J U P A Q N I
G A A T O M I L C L L F P N
T A P L A N E E T A A U R O
U E L Y Q R T C K H P T E Q
T C H A D R N Y V V Ä U A W
O K H N K H K P Q A R R L O
O R O B O T I D H T A I I R
P G U Z Z L I K D U N S S A
I P Y P W E O K B S E T T A
A A W T Y B L O A N A L L K
R A A M A T U D G Z G I I E
I L L U S I O O N I F K K L
R W Z M I L K G M A A I L M
```

AATOMI   MAAILM
KINO   SALAPÄRANE
PLAHVATUS   ORAAKEL
TULEKAHJU   PLANEET
FUTURISTLIK   REALISTLIK
GALAKTIKA   ROBOTID
ILLUSIOON   TEHNOLOOGIA
KUJUTELDAV   UTOOPIA
RAAMATUD

54 - Vertus #1

```
T W A P Y L R D N H G N L P
A I L A V O T S U S T A V R
G K K T P Õ A Õ F T O L N A
A I Y S M S L K H E A J D K
S N H I Z A T U K U S A O T
I D H E L D E N V M S K S I
H E U N U Z D S N A T A R L
O L P T R P F T U U K S W I
I U U D I S H I M U L I K N
D W H K L E F L L T C C B E
L Y A K R Q D I V N A I W G
I G S G B W K N A F Y R A Z
K I R G L I K E R M R A K D
G Q I S E S E I S E V Y B J
```

KUNSTILINE	HELDE
HEA	ISESEISEV
VÕLUV	TAGASIHOIDLIK
KINDEL	KIRGLIK
UUDISHIMULIK	PATSIENT
OTSUSTAV	PRAKTILINE
NALJAKAS	PUHAS
TÕHUS	TARK

55 - Professions #1

```
T T O R U M E E S F A J P Õ
A U R T A N T S I J A A S D
M R L E U D W K K U D H Ü E
C D S E E G L C C V V I H S
P P L T T N F N V E O M H K
I F V U B Õ E C N L K E O U
E I I L W S R R T I A E L N
P I A N I S T J E I A S O S
K E Q C P A N K U R T S O T
T O I M E T A J A J F P G N
A S T R O N O O M H A F A I
B S U U R S A A D I K M K K
T M U U S I K G E O L O O G
K A R T O G R A A F O B G Q
```

SUURSAADIK
KUNSTNIK
ASTRONOOM
ADVOKAAT
PANKUR
JUVELIIR
KARTOGRAAF
JAHIMEES
TANTSIJA
TREENER

TOIMETAJA
GEOLOOG
ÕDE
ARST
MUUSIK
PIANIST
TORUMEES
TULETÕRJUJA
PSÜHHOLOOG

56 - Géologie

```
Y  H  F  G  O  K  I  V  I  H  H  V  I  K
P  L  A  T  O  O  O  L  A  V  A  Y  K  A
K  T  G  P  G  K  F  N  T  U  Q  L  O  L
R  K  D  R  E  S  O  Q  T  I  I  T  O  T
I  D  F  U  I  T  S  R  Q  I  G  K  B  S
S  O  O  L  S  A  S  Q  A  E  N  K  A  I
T  V  N  O  E  L  I  P  B  L  Y  E  S  U
A  U  M  B  R  A  I  P  D  T  L  E  N  M
L  L  B  E  S  K  L  K  V  A  R  T  S  T
L  K  R  I  O  T  M  I  T  A  Q  M  I  S
I  A  N  N  Y  I  V  H  S  M  J  H  P  U
D  A  Z  M  W  I  B  T  O  B  S  J  K  L
K  N  W  C  W  T  N  K  O  K  K  P  P  A
E  R  O  S  I  O  O  N  N  B  H  I  Y  R
```

HAPE	GEISER
KALTSIUM	LAVA
KOOBAS	KIVI
KONTINENT	PLATOO
KORALL	KVARTS
KIHT	SOOL
KRISTALLID	STALAKTIIT
EROSIOON	VULKAAN
SULA	TSOON
FOSSIIL	

57 - Cirque

```
N M U S T K U N S T N I K U
P Ä R Y E L E V A N T A C S
L V I R I O P A U T R I K K
A Õ I T I U E I U G E F N P
G M V L A N A L V P I L E T
T P B I M M L O O M A D K Z
M A A G I A T I I G E R Y T
K O M M I D V K O S T Ü Ü M
F Z Õ H U P A L L I D W R J
V D C Y D L A K R O B A A T
A H V Y M W T P A R A A D A
B V K M R C A G U S H M Z H
N E Y B S A J U G G L E R J
A N B R J Z A M U U S I K A
```

AKROBAAT
LOOMAD
TRIKK
ÕHUPALLID
PILET
KOMMID
KLOUN
KOSTÜÜM
ELEVANT
JUGGLER

LÕVI
MUSTKUNSTNIK
MAAGIA
NÄITA
MUUSIKA
PARAAD
AHV
PEALTVAATAJA
TELK
TIIGER

58 - Jardin

```
V B H N Q T D V Y W Q D V B
I N A M C I E E J Z I F O C
L Z K T Y I Z R E H A P O W
J R Ü V U K T A R A V W L K
A M H Õ P U U N D A E D I R
P U V R U H T D Q V S K K K
U L E K U E B A P Õ Õ S A S
U D L K M G A R A A Ž D E V
A F M I B V I I N A P U U B
E Q U I R C V N O L I L L Z
D W R K O N J T N A O L O Q
C B U J H B M V E R L D I F
H U Z P I N K B U V D T K B
G A L V Z H P H P E K F F I
```

PUU   UMBROHI
PINK   KÜHVEL
PÕÕSAS   VERANDA
TARA   REHA
TIIK   MULD
LILL   TERRASS
GARAAŽ   BATUUT
VÕRKKIIK   VOOLIK
MURU   VILJAPUUAED
AED   VIINAPUU

59 - Barbecues

```
L  R  A  R  K  V  K  F  P  I  P  A  R  L
R  I  W  H  M  A  T  V  C  K  E  R  L  M
A  M  U  J  Q  B  N  Ä  L  G  R  I  L  L
S  A  L  A  T  I  D  A  Z  E  E  S  W  L
Õ  H  T  U  S  Ö  Ö  K  C  G  K  B  O  F
K  A  S  T  E  A  M  A  P  S  O  O  L  G
L  K  U  U  M  M  Ä  Q  U  B  N  O  A  D
S  Õ  Y  L  E  F  N  O  U  B  D  G  J  K
I  U  U  K  Ö  Ö  G  I  V  I  L  J  A  D
B  D  V  N  M  U  U  S  I  K  A  F  V  B
U  C  L  I  A  C  D  R  L  N  P  R  H  T
L  T  O  M  A  T  I  D  J  D  S  E  T  P
H  L  M  M  Z  I  W  N  A  Z  E  R  W  D
L  Y  G  Q  D  J  B  V  D  Q  D  Q  W  R
```

KUUM	MÄNGUD
NOAD	KÖÖGIVILJAD
LÕUNA	MUUSIKA
ÕHTUSÖÖK	SIBUL
LAPSED	PIPAR
SUVI	KANA
NÄLG	SALATID
PEREKOND	KASTE
PUUVILJAD	SOOL
GRILL	TOMATID

60 - Anniversaire

```
S  U  U  R  E  P  Ä  R  A  N  E  P  U  R
O  A  U  Z  A  I  L  Õ  B  U  P  Ä  I  K
K  A  L  E  N  D  E  R  B  L  Q  E  M  U
K  E  I  K  V  U  C  B  W  K  U  V  L  T
Ü  G  T  E  J  I  R  Õ  Õ  M  S  A  I  S
Ü  S  Õ  B  R  A  D  D  C  Q  Y  A  S  E
N  L  K  M  K  I  N  G  I  T  U  S  Ü  D
L  O  D  T  O  K  L  R  Y  S  V  T  N  Õ
A  T  O  Z  O  N  A  I  N  Z  J  A  D  N
D  P  L  R  K  R  Y  A  N  Z  J  V  I  N
T  A  R  K  U  S  F  I  R  E  D  W  N  E
N  V  V  C  S  H  P  M  R  D  Q  J  U  L
O  L  A  U  L  K  Z  S  H  P  I  C  D  I
R  O  C  S  Q  Z  G  V  Y  U  I  D  V  K
```

SÕBRAD	ÕNNELIK
LÕBU	KUTSED
AASTA	NOOR
KÜÜNLAD	PÄEV
KINGITUS	RÕÕMSA
KALENDER	SÜNDINUD
KAARDID	TARKUS
LAUL	ERILINE
PIDU	SUUREPÄRANE
KOOK	AEG

61 - Animaux de Compagnie

```
N  T  Z  Z  M  L  Z  I  R  J  L  N  T  I
I  M  S  P  K  Ü  Ü  L  I  K  T  A  O  M
Q  S  S  N  R  F  C  F  H  E  T  W  I  J
H  I  I  R  A  G  L  K  Ä  P  A  D  T  J
J  Z  A  B  E  K  V  I  C  Q  Z  K  S  H
I  B  J  G  V  R  R  T  V  S  H  O  N  E
P  A  P  A  G  O  I  S  I  S  A  L  I  K
K  A  S  S  I  P  O  E  G  P  M  E  P  I
U  K  N  B  J  I  G  F  F  N  S  H  E  L
K  R  I  H  M  I  S  S  G  L  T  M  N  P
G  A  P  K  A  L  A  U  N  Y  E  N  W  K
O  U  S  K  O  E  R  H  G  N  R  Z  N  O
N  V  O  S  V  E  S  I  Q  D  P  G  B  N
K  U  T  S  I  K  A  S  A  B  A  W  D  N
```

KASS	SISALIK
KASSIPOEG	TOIT
KITS	KÄPAD
KOER	PAPAGOI
KUTSIKAS	KALA
KRAE	SABA
VESI	HIIR
HAMSTER	KILPKONN
RIHM	LEHM
KÜÜLIK	

62 - Forêt Tropicale

```
P  K  O  G  U  K  O  N  D  V  T  Q  T  S
I  K  K  E  R  S  W  Z  Ž  V  A  N  M  Ä
L  A  L  L  V  A  R  J  U  P  A  I  K  I
V  H  I  I  N  Q  E  N  L  S  S  L  L
E  E  I  H  M  I  R  I  G  I  T  H  O  I
D  P  M  E  D  E  K  G  E  N  A  S  O  T
N  A  A  O  I  R  T  F  L  N  M  A  D  A
H  I  S  N  T  B  E  A  M  U  I  M  U  M
K  K  C  H  A  R  V  Z  J  D  N  M  S  I
O  S  Y  A  U  S  T  U  S  A  E  A  K  N
I  E  P  U  T  U  K  A  D  A  D  L  T  E
R  D  B  O  T  A  A  N  I  L  I  N  E  V
P  Õ  L  I  S  R  A  H  V  A  S  T  E  Y
V  Ä  Ä  R  T  U  S  L  I  K  J  Q  O  U
```

KAHEPAIKSED
BOTAANILINE
KLIIMA
KOGUKOND
LIIK
PÕLISRAHVASTE
PUTUKAD
DŽUNGEL
IMETAJAD

SAMMAL
LOODUS
PILVED
LINNUD
VÄÄRTUSLIK
SÄILITAMINE
VARJUPAIK
AUSTUS
TAASTAMINE

63 - Insectes

```
T H R Q Z O O P S R L K W T
L T E R M I I T R Y Z I L I
B E U R S Ä Ä S K P H R E U
V A P S I K M C I C A D A U
V V Y A P L M A R D I K A S
A A W I T R A N B K E L J M
S S P E C R U N U I J I Z E
T W M A N T I S E I C B K S
N B H G P E B I S L N L H I
E A D R O A F D N A M I I L
L E H E T Ä I D E U K K U A
G A F M D S I P E L G A S N
R O H U T I R T S D M S S E
J A A N I L E I V A P U U K
```

MESILANE	MANTIS
PRUSSAKAS	SÄÄSK
CICADA	LIBLIKAS
LEPATRIINU	KIRBU
JAANILEIVAPUU	LEHETÄIDE
SIPELGAS	ROHUTIRTS
VAPSIK	MARDIKAS
HERILANE	TERMIIT
VASTNE	USS
KIIL	

64 - Ferme #1

```
I  I  M  C  R  E  R  A  H  Z  B  M  A  W
K  Q  R  G  F  O  S  B  E  B  R  D  W  T
R  F  R  E  Y  A  B  M  I  M  K  A  N  A
V  L  E  H  M  E  S  I  N  E  O  V  Y  M
H  Ä  V  A  R  E  S  I  V  S  E  E  A  E
O  V  E  U  T  T  P  K  O  I  R  N  M  E
B  A  K  T  P  Õ  L  D  A  L  S  A  Q  E
U  S  H  A  I  C  O  Q  K  A  R  J  A  S
N  I  R  R  I  S  D  B  I  N  E  I  F  E
E  K  F  A  S  V  W  Z  T  E  P  U  I  L
E  A  E  F  O  J  E  F  S  B  H  A  R  S
D  S  I  B  N  B  K  S  E  O  N  L  S  N
R  E  J  M  H  A  O  Q  I  K  A  S  S  N
P  Õ  L  L  U  M  A  J  A  N  D  U  S  K
```

MESILANE	VARES
PÕLLUMAJANDUS	VESI
EESEL	VÄETIS
PIISON	HEIN
PÕLD	MESI
KASS	KANA
HOBUNE	RIIS
KITS	KARJA
KOER	LEHM
TARA	VASIKAS

65 - Escalade

```
P  M  Q  J  K  J  U  H  E  N  D  I  D  U
Y  A  F  H  N  V  M  A  A  S  T  I  K  U
V  T  S  T  A  B  I  I  L  S  U  S  G  D
Ä  K  I  N  D  A  D  G  K  Y  E  M  C  I
L  A  M  I  D  V  B  S  A  E  V  G  N  S
J  M  J  W  K  O  O  B  A  S  R  N  F  H
A  I  T  G  O  P  N  E  R  P  T  C  Ü  I
K  N  K  D  O  B  G  E  T  C  U  U  Ü  M
U  E  I  I  L  P  V  K  Õ  R  G  U  S  U
T  L  T  N  I  D  D  S  G  F  E  U  I  T
S  C  S  D  T  V  C  P  U  F  V  Z  L  F
E  R  A  P  U  Q  E  E  N  A  U  I  I  H
D  I  S  P  S  P  T  R  C  Q  S  Z  N  J
S  A  A  P  A  D  A  T  L  V  G  O  E  F
```

KÕRGUS	TUGEVUS
VIGASTUS	KOOLITUS
SAAPAD	KINDAD
KAART	KOOBAS
KIIVER	JUHENDID
UUDISHIMU	FÜÜSILINE
VÄLJAKUTSED	MATKAMINE
EKSPERT	STABIILSUS
KITSAS	MAASTIK

66 - École #2

```
K T U H R R R P L I I A T S
A E A O G R A M M A T I K A
L A Õ D J N A P W P V R O R
E D P W F P M A A H K U D V
N U P L I G A D M B S R U U
D S I Õ P E T A J A E F T T
E D M R N B U S S A T R Ö I
R K I G W D K N A L Y U Ö U
M Ä N G U D O B E I U Q D F
L Ä E Z K S G H A R I D U S
Y R T E A L U G E M I N E L
K I R J U T A M I N E H B G
E D S T K I R J A N D U S O
S G S W Z J S Õ N A S T I K
```

ÕPPIMINE
RAAMATUKOGU
BUSS
KALENDER
KÄÄRID
PLIIATS
KODUTÖÖ
SÕNASTIK
ÕPETAJA
KIRJUTAMINE

HARIDUS
GRAMMATIKA
MÄNGUD
LUGEMINE
KIRJANDUS
RAAMATUD
ARVUTI
PABER
TEADUS

67 - Antarctique

```
L  T  S  K  I  V  I  N  E  P  N  K  M  E
A  E  Ä  V  O  Z  R  N  M  V  E  S  I  K
H  M  I  U  R  N  O  Ä  J  Z  O  K  N  S
E  P  L  O  L  I  T  Q  N  P  G  W  E  P
C  E  I  B  S  B  P  I  B  N  T  L  R  E
Y  R  T  I  O  G  O  I  N  J  E  A  A  D
V  A  A  L  A  D  O  D  J  E  Ä  J  A  I
Z  T  M  C  Y  L  L  Z  W  W  N  Ä  L  T
A  U  I  L  I  U  S  T  I  K  E  T  I  S
F  U  N  T  T  E  A  D  L  A  N  E  D  I
O  R  E  V  T  E  A  D  U  S  L  I  K  O
L  I  N  N  U  D  R  B  I  M  L  K  G  O
B  F  G  S  A  A  R  E  D  N  G  M  G  N
L  V  Q  K  E  S  K  K  O  N  D  P  A  K
```

LAHE	LIUSTIKE
VAALAD	SAARED
TEADLANE	RÄNNE
SÄILITAMINE	MINERAALID
KONTINENT	LINNUD
VESI	POOLSAAR
KESKKOND	KIVINE
EKSPEDITSIOON	TEADUSLIK
JÄÄ	TEMPERATUUR

68 - Professions #2

```
F I L O S O O F I Q P D B U
F O F V O J V A P M I E I G
S K M O A E D N I K N T O J
L E I U T A J A L D S E L P
Y Q V T R O Q U O O E K O Y
U U R I J A G Y O Z N T O A
Z O O L O O G R T V E I G R
T E A D L A N E A Q R I K S
H A M B A A R S T A F V M T
A A S T R O N A U T F W P I
M A A L I K U N S T N I K I
P A J A K I R J A N I K H J
P I L L U S T R A A T O R S
Õ P E T A J A K I R U R G T
```

ASTRONAUT
BIOLOOG
TEADLANE
KIRURG
HAMBAARST
DETEKTIIV
UURIJA
ÕPETAJA
ILLUSTRAATOR
INSENER

LEIUTAJA
AEDNIK
AJAKIRJANIK
ARST
MAALIKUNSTNIK
FILOSOOF
FOTOGRAAF
PILOOT
ZOOLOOG

69 - Les Abeilles

```
K  B  B  S  T  E  D  H  S  O  Z  A  T  T
S  U  P  A  O  L  L  L  I  L  L  E  D  A
T  U  N  Õ  I  S  C  U  E  E  B  D  H  I
A  Z  I  I  T  D  P  Q  P  Ä  I  K  E  M
R  C  G  T  N  V  A  H  A  A  S  I  B  E
U  B  K  T  S  G  G  F  T  I  I  V  A  D
V  E  J  Z  I  V  A  D  D  Y  Q  K  Q  J
Õ  I  E  T  O  L  M  N  R  B  D  S  S  P
M  E  S  I  F  F  H  W  N  B  E  O  Ü  C
P  U  T  U  K  A  S  J  T  A  S  Q  L  A
A  O  Y  Z  Ö  K  O  S  Ü  S  T  E  E  M
M  I  T  M  E  K  E  S  I  S  U  S  M  M
S  L  S  K  A  S  U  L  I  K  B  D  E  L
P  U  U  V  I  L  J  A  D  H  P  T  S  J
```

TIIVAD	ELUPAIK
KASULIK	PUTUKAS
VAHA	AED
MITMEKESISUS	MESI
SÜLEM	TOIT
ÖKOSÜSTEEM	TAIMED
ÕIS	ÕIETOLM
LILLED	KUNINGANNA
PUUVILJAD	TARU
SUITS	PÄIKE

70 - Dinosaures

```
Y  W  E  F  O  S  S  I  I  L  I  D  O  K
A  O  V  K  T  R  J  T  E  Y  E  I  M  A
O  K  O  N  W  L  I  A  E  Z  L  S  N  D
A  C  L  I  I  K  D  I  L  S  I  V  I  U
H  I  U  A  V  Õ  I  M  A  S  H  F  V  M
P  S  T  I  J  M  C  T  J  Z  A  R  O  I
F  W  S  A  B  A  K  O  A  B  S  O  O  N
C  S  I  S  J  M  M  I  L  F  Ö  O  R  E
U  W  O  A  U  M  T  D  O  G  Ö  M  A  L
M  L  O  A  L  U  M  U  O  Y  J  A  P  F
N  J  N  K  M  T  R  L  L  M  A  J  T  F
T  O  H  U  T  U  M  I  I  H  A  A  O  M
S  U  U  R  U  S  G  N  N  Q  P  A  R  F
T  I  I  V  A  D  G  E  E  B  F  B  Y  A
```

TIIVAD	OMNIVOOR
LIHASÖÖJA	EELAJALOOLINE
KADUMINE	SAAK
LIIK	VÕIMAS
TOHUTU	SABA
EVOLUTSIOON	RAPTOR
FOSSIILID	ROOMAJA
SUUR	SUURUS
TAIMTOIDULINE	MAA
MAMMUT	JULM

71 - Conduite

```
J  L  M  O  O  T  O  R  R  A  T  A  S  P
B  A  I  P  I  D  U  R  I  D  E  U  W  O
C  O  L  T  U  N  N  E  L  L  E  T  V  L
A  N  T  A  S  E  E  G  B  M  H  O  H  I
L  M  S  R  K  E  B  D  Z  I  V  Y  K  T
K  O  B  F  A  Ä  N  W  R  E  E  A  Ü  S
V  K  F  Q  D  N  I  T  R  J  O  H  T  E
L  I  I  K  L  U  S  J  S  W  A  G  U  I
S  I  D  C  C  F  Y  P  A  G  U  A  S  O
U  R  A  M  W  W  L  D  O  A  T  A  G  H
E  U  B  Q  I  Q  D  Q  P  R  O  S  M  U
D  S  Õ  N  N  E  T  U  S  A  T  Y  T  T
M  O  O  T  O  R  P  Y  K  A  A  R  T  U
Q  N  E  U  H  R  Q  G  F  Ž  Q  J  Q  S
```

ÕNNETUS	MOOTORRATAS
VEOAUTO	JALAKÄIJA
KÜTUS	POLITSEI
KAART	TEE
OHT	OHUTUS
PIDURID	LIIKLUS
GARAAŽ	TRANSPORT
GAAS	TUNNEL
LITSENTS	KIIRUS
MOOTOR	AUTO

72 - Plantes

```
O Z P B U B A L G E E G L T
V H Õ F K M E I N O C T U A
Y C Õ G L R D L G E O A U I
K H S A I O O L P U U D D M
Q G A I B W O O N R Z U E E
K A S V A M A R N L I L R S
L E H E S T I K A L O L O T
G C A B J P F Z D R E B H I
K M U R U B A M B U S H I K
P A D Q U M E T S B P A T V
S R K O R B O T A A N I K A
R I E T T O Y A Q I T C H P
Z I O H U V Ä E T I S H Z Y
Y D O N H S A M M A L H U I
```

PUU	METS
MARI	KASVAMA
BAMBUS	UBA
BOTAANIKA	MURU
PÕÕSAS	AED
KAKTUS	LUUDEROHI
VÄETIS	SAMMAL
LEHESTIK	KROONLEHT
LILL	JUUR
FLOORA	TAIMESTIK

73 - Ferme #2

```
L A A M A H B O Z W H W B I
V I L J A P U U A E D V F H
A I T A L U N I K W T L V C
K N J L P J D O G K C Z I T
P U U V I L J A D A O D R A
Y J P N F A I S Q R P A R T
L H I I B M M V P J J Q V M
N D I I V B R M I A M L T E
A I M S H A E V E N U E O S
K O I U Z D G M K E I S I I
V Ü W T R A K T O R M S T T
D O P U L O O M A D A K U A
W S D S E R B W H N I U Y R
L A M B A L I H A M S N Q U
```

LAMBALIHA	LAAMA
TALUNIK	MAIS
LOOMAD	LAMBAD
KARJANE	KÜPS
NISU	TOIT
PART	ODRA
PUUVILJAD	NIIT
AIT	MESITARU
NIISUTUS	TRAKTOR
PIIM	VILJAPUUAED

74 - École #1

```
F  B  D  Z  M  T  H  P  U  M  V  V  A  R
E  Q  I  A  F  Z  M  A  L  Q  A  I  I  A
Õ  P  E  T  A  J  A  B  A  A  S  K  T  A
K  R  L  Õ  B  U  R  E  U  I  T  T  P  M
A  A  Õ  F  T  R  K  R  D  H  U  O  L  A
P  A  U  Q  B  E  E  N  P  F  S  R  I  T
V  M  N  S  Q  K  R  T  U  E  I  I  U
Q  A  A  Õ  T  S  I  Ä  M  M  D  I  A  K
O  T  M  B  O  A  D  H  L  N  B  N  T  O
L  U  R  R  K  M  D  E  F  T  N  R  S  G
Y  D  L  A  U  I  V  S  T  O  O  L  I  U
C  H  F  D  J  D  L  T  Q  P  M  B  R  D
P  L  I  I  A  T  S  I  D  H  A  C  O  Y
T  K  A  I  T  D  D  K  S  J  G  E  R  K
```

TÄHESTIK	KAUSTAD
SÕBRAD	ÕPETAJA
LÕBU	EKSAMID
RAAMATUKOGU	RAAMATUD
LAUD	MARKERID
TOOL	NUMBRID
PLIIATS	PABER
PLIIATSID	VIKTORIIN
LÕUNA	VASTUSED

75 - Vacances #2

```
P R K J B A Z L P V U G P U
Y O A V O E W K U I B A A J
T N A A Z Q H R H I Q M S A
H G R B Y D S E K S G G S N
U T T A J D A D U A A C O E
R E S E R V A T S I O O N F
S L B R K T R A N S P O R T
I K R E I S I E T E L K M H
H I R A N D D W S T A K S O
T M R W N N Y G S T O E H T
K I E I Q U I D T G O Z M E
O N W R K F G T F S O R L L
H E Y Q I B Q W O R B H A L
T V Ä L I S M A A L A N E N
```

TELKIMINE	RESTORAN
KAART	RESERVATSIOON
SIHTKOHT	TAKSO
VÄLISMAALANE	TELK
HOTELL	RONG
SAAR	TRANSPORT
VABA	PUHKUS
MERI	VIISA
PASS	REISI
RAND	

76 - Outils

```
K K O R B K Ö I S M J I V T
Ä A L Y Z U Z F F B Z C F M
Ä H A A M E R K H B R W B K
R G H B M K P R A R E D E L
I K V S E B N H B A K B F A
D I G R C L E Y E T R K F M
B J G W S I F R M A U K G M
L I I M L W T K E S V Ü K E
K D T Q L Q E T N J I H P R
H I Õ B Y M G A U E Y V R D
K U R I K A S N G F K E A A
I N V V B S E G A T F L G J
U F I U E C K I N I N U G A
M U K M Z S A D Z I F G T H
```

KLAMBER
KLAMMERDAJA
KAABEL
KÄÄRID
LIIM
KÖIS
NUGA
REDEL
KIRVES

KURIKAS
HAAMER
KÜHVEL
TANGID
HABEMENUGA
RATAS
TÕRVIK
KRUVI

77 - Temps

```
R  S  E  N  Y  N  Q  O  V  W  R  C  C  R
H  A  K  L  T  C  W  C  S  J  M  J  Y  H
O  J  Y  Q  F  U  R  T  U  L  E  V  I  K
M  A  U  L  C  K  N  V  I  J  N  A  E  Ü
M  N  A  A  S  T  A  D  Z  Y  Ü  R  Y  M
I  D  A  P  U  R  Z  Z  M  E  Ü  S  H  N
K  E  S  K  P  Ä  E  V  D  I  D  T  Q  E
A  N  T  K  E  L  L  Ö  Ö  L  P  I  N  N
L  N  A  U  B  N  M  K  N  E  Ä  O  I  D
E  E  N  U  B  Ä  C  I  V  F  E  T  N  L
N  I  E  Q  H  D  D  D  N  F  V  G  H  S
D  T  P  Ä  R  A  S  T  Q  U  Y  B  R  Y
E  O  V  K  L  L  N  F  T  R  T  Q  N  A
R  O  J  O  W  G  W  A  L  C  R  U  S  O
```

AASTA	KELL
AASTANE	PÄEV
PÄRAST	NÜÜD
ENNE	HOMMIK
VARSTI	KESKPÄEV
KALENDER	MINUT
KÜMNEND	KUU
TULEVIK	ÖÖ
TUND	NÄDAL
EILE	SAJAND

78 - Maison

```
L S U P N B S M A G W G R W
T J D W Ö D C L G A R A A Ž
T A R A K Ö M G U L K K A M
V Õ T M E D N N K U A E M D
V R U J J L B I S U T N A L
N U B N V A I P N D U K T N
A M A G O G P M G G S N U R
K A M I N I S E I N W B K B
U Ö B N Z M W W U Z F C O D
F O Ö W L M H H B J I U G N
S O A K A R D I N A D F U Q
Q Q Q H M E P E E G E L N O
N W L N P E D U Š Š K A G D
F P P T O A B F O S G M T K
```

LUUD
RAAMATUKOGU
TUBA
KAMIN
VÕTMED
TARA
KÖÖK
DUŠŠ
AKEN
GARAAŽ

PÖÖNING
AED
LAMP
PEEGEL
SEIN
LAGI
UKS
KARDINAD
VAIP
KATUS

79 - Légumes

```
B  P  O  R  G  A  N  D  V  S  S  N  A  S
R  Š  A  L  O  T  T  H  J  L  A  Z  R  E
O  G  V  G  I  N  B  T  Q  G  L  I  T  L
K  U  R  K  K  I  A  P  Q  Z  A  N  I  L
K  K  V  Ü  Õ  J  V  E  K  N  T  G  Š  E
O  M  T  Ü  R  I  L  T  R  E  L  V  O  R
L  M  O  S  V  K  N  E  J  I  Y  E  K  H
I  Q  M  L  I  O  P  R  F  G  S  R  K  A
L  S  A  A  T  P  I  S  R  R  S  M  H  Z
J  E  T  U  S  U  F  E  M  E  W  E  L
L  E  G  K  O  F  W  L  D  U  J  M  R  C
P  N  S  I  B  U  L  L  I  B  P  V  N  E
S  P  I  N  A  T  E  S  S  D  S  B  E  O
B  A  K  L  A  Ž  A  A  N  C  E  Y  S  Q
```

KÜÜSLAUK   SPINAT
ARTIŠOKK   INGVER
BAKLAŽAAN   NAERIS
BROKKOLI   SIBUL
PORGAND   OLIIV
SELLER   PETERSELL
SEEN   HERNES
KÕRVITS   REDIS
KURK   SALAT
ŠALOTT   TOMAT

80 - Plage

```
F  Y  N  V  Y  S  I  Z  H  L  I  I  V  S
P  A  A  T  Q  R  A  H  U  A  A  R  U  I
I  O  E  C  P  A  P  A  O  G  W  M  V  N
E  D  W  G  E  N  I  S  R  U  M  S  W  I
N  Z  V  F  M  N  O  M  Ä  U  D  E  D  N
P  Ä  I  K  E  I  O  N  T  N  P  D  J  E
U  F  H  A  R  K  K  H  I  G  O  G  P  J
H  Y  M  R  I  T  E  R  K  Y  N  Z  U  P
K  K  A  I  E  M  A  N  A  B  J  H  R  N
U  O  V  K  P  O  N  P  E  B  B  L  J  A
S  Y  A  M  M  O  A  I  W  O  I  I  E  Y
F  K  R  S  A  N  D  A  A  L  I  D  K  I
L  A  I  U  J  U  M  A  J  K  R  K  A  U
J  D  O  K  K  W  Z  C  U  Z  R  G  S  I
```

PAAT	OOKEAN
SININE	VIHMAVARI
RANNIK	KARI
KRABI	LIIV
DOKK	SANDAALID
SAAR	RÄTIK
LAGUUN	PÄIKE
MERI	PUHKUS
UJUMA	PURJEKAS

81 - Vacances #1

```
O W H Y Q T L E S J V Y R A
A G P U Y E Õ K N Q A H I P
T O L L D E Õ S D J L L E B
R U Z Q I K G P J U U T I V
A A R I V O A E Ä H U I S I
M P U I S N S D R C T R E H
M P T T S D T I V K A L L M
M I R G O T U T B D I Y J A
U L Z U F A S S U J U M A V
U E E R S S L I N W L M K A
S T H N D L K O H V E R O R
E R V F N M A O J W O O T I
U C A L K U V N U I V A T T
M A T L A H K U M I N E K Z
```

LENNUK
PILET
VALUUTA
LAHKUMINE
TOLL
EKSPEDITSIOON
TEEKOND
JÄRV
MUUSEUM

UJUMA
VIHMAVARI
LÕÕGASTUS
SELJAKOTT
TURIST
TRAMM
KOHVER
AUTO

82 - Famille

```
I  W  K  V  N  A  I  N  E  F  R  V  Õ  C
P  Y  D  A  G  O  B  K  P  F  S  E  D  N
R  T  O  N  I  V  N  Z  V  P  O  N  E  O
V  A  N  A  I  S  A  U  B  S  U  N  Z  M
P  Z  E  E  A  N  A  B  I  K  A  A  S  A
Y  H  N  M  P  P  O  P  T  N  H  P  U  S
E  W  L  A  P  S  E  D  O  O  Y  O  W  J
S  M  G  D  F  Q  S  I  P  O  Y  E  F  H
I  L  A  P  S  E  P  Õ  L  V  L  G  M  V
V  E  N  N  A  T  Ü  T  A  R  G  S  S  E
A  P  W  L  E  Ü  K  Ä  P  K  F  E  E  N
N  Õ  B  U  R  T  L  D  S  I  O  B  C  D
E  J  D  O  N  A  S  I  I  S  A  Y  O  N
M  L  K  A  S  R  P  O  J  A  P  O  E  G
```

ESIVANEM	ABIKAASA
NÕBU	EMA
LAPSEPÕLV	VENNAPOEG
LAPS	VENNATÜTAR
LAPSED	ONU
NAINE	ISAPOOLSE
TÜTAR	POJAPOEG
VEND	ISA
VANAEMA	ÕDE
VANAISA	TÄDI

83 - Oiseaux

```
T  U  V  I  J  H  E  F  D  Q  S  J  P  V
V  O  K  A  J  A  K  A  S  F  O  A  E  Q
N  A  O  O  H  N  A  O  I  Q  N  A  L  I
Z  E  R  N  P  I  N  G  V  I  I  N  I  F
P  U  G  E  E  J  A  F  H  Q  F  A  K  L
A  A  P  P  S  K  L  D  S  D  I  L  A  A
P  Q  R  F  O  M  U  N  A  N  R  I  N  M
A  G  G  T  C  Z  I  R  E  M  T  N  I  I
G  F  U  R  N  B  K  Ä  G  U  U  D  Z  N
O  P  A  A  B  U  L  I  N  D  P  S  K  G
I  P  N  V  A  R  B  L  A  N  E  Q  W  O
H  A  I  G  U  R  T  U  U  K  A  N  T  A
D  S  S  O  Z  R  H  T  D  P  Y  S  F  S
K  O  T  K  A  S  M  T  S  F  W  Z  L  G
```

KOTKAS	PINGVIIN
JAANALIND	VARBLANE
PART	KAJAKAS
TOONEKURG	MUNA
TUVI	HANI
VARES	PAABULIND
KÄGU	PAPAGOI
LUIK	PELIKANI
FLAMINGO	KANA
HAIGUR	TUUKAN

84 - Disciplines Scientifiques

```
A  S  B  A  S  Ö  L  M  I  K  Z  T  V  A
S  O  I  P  R  L  K  E  E  M  I  A  M  D
T  T  O  S  R  H  M  O  P  G  D  A  A  O
R  S  K  Ü  O  Q  E  Y  L  E  D  D  T  U
O  I  E  H  B  A  H  O  N  O  Q  Y  J  J
N  O  E  H  O  B  A  O  L  L  O  Z  F  Q
O  L  M  O  O  K  A  A  M  O  G  G  Y  R
O  O  I  L  T  A  N  A  T  O  O  M  I  A
M  O  A  O  I  Q  I  R  H  G  I  G  E  A
I  G  A  O  K  B  K  J  S  I  G  E  I  U
A  I  R  G  A  G  A  N  S  A  G  C  W  A
I  A  W  I  B  O  T  A  A  N  I  K  A  M
A  Z  R  A  B  I  O  L  O  O  G  I  A  P
F  Ü  S  I  O  L  O  O  G  I  A  C  D  K
```

ANATOOMIA   ÖKOLOOGIA
ARHEOLOOGIA   GEOLOOGIA
ASTRONOOMIA   MEHAANIKA
BIOKEEMIA   FÜSIOLOOGIA
BIOLOOGIA   PSÜHHOLOOGIA
BOTAANIKA   ROBOOTIKA
KEEMIA   SOTSIOLOOGIA

85 - Émotions

```
R  K  D  Q  F  F  T  I  G  I  R  A  H  U
A  A  B  N  M  K  I  Ä  E  D  J  U  E  L
R  A  H  I  R  M  A  P  N  Y  V  Y  A  T
M  S  I  U  Ü  C  K  Õ  V  U  W  R  D  A
A  T  R  K  L  T  T  N  H  E  L  L  U  S
S  U  J  H  L  I  V  E  N  V  P  I  S  I
T  N  B  I  A  G  K  V  M  F  I  G  K  S
U  N  A  Y  T  A  V  I  W  R  I  V  U  U
S  E  M  C  U  V  I  L  J  W  N  I  R  G
G  T  P  H  S  U  H  C  N  S  L  S  B  C
R  A  H  U  L  S  A  U  Y  G  I  L  U  I
R  Õ  Õ  M  R  W  A  O  G  Z  K  D  S  O
U  Y  Z  Y  N  H  F  G  J  C  M  B  Y  A
V  A  D  F  R  V  P  D  U  N  H  D  T  L
```

ARMASTUS	RAHU
RAHULIK	HIRM
VIHA	TÄNULIK
SISU	RAHUL
PIINLIK	ÜLLATUS
IGAVUS	KAASTUNNET
PÕNEVIL	HELLUS
HEADUS	KURBUS
RÕÕM	

86 - Géographie

```
P  D  O  W  H  N  A  K  J  Õ  E  S  K  K
L  Ä  Ä  N  E  V  Y  A  H  Y  L  A  O  Õ
Z  T  I  V  R  V  I  A  J  O  Q  A  N  R
J  L  A  I  U  S  K  R  A  A  D  R  T  G
M  E  R  I  R  S  B  T  V  H  E  E  I  U
A  A  M  E  R  I  D  I  A  A  N  B  N  S
E  T  A  P  Õ  H  J  A  N  F  L  L  E  E
F  E  L  I  D  C  G  C  W  I  Õ  D  N  U
Q  O  Q  A  L  R  I  I  K  Z  U  O  T  M
Q  O  M  L  S  M  L  I  N  N  Q  H  Ä
D  K  P  O  O  L  K  E  R  A  A  Y  I  G
T  E  R  R  I  T  O  O  R  I  U  M  B  I
Y  A  P  I  I  R  K  O  N  D  L  Z  E  W
Y  N  C  Z  E  O  L  M  N  D  A  A  W  E
```

KÕRGUS	MAAILM
ATLAS	MÄGI
KAART	PÕHJA
KONTINENT	OOKEAN
JÕE	LÄÄNE
POOLKERA	RIIK
SAAR	PIIRKOND
LAIUSKRAAD	LÕUNA
MERI	TERRITOORIUM
MERIDIAAN	LINN

87 - Danse

```
P D J P K I G D K K A H L P
O A A A U O N Z U E E Z K E
O M R R L M L E L M V H L A
S K M T T K T T O I Y A P
R W U N U Y V E U T S A S R
E Õ B E U L L J U S U A S O
S R Õ R R I O R I A K I O
S R C M N P I C I O A A K V
P M U U S I K A L O L D A R
U L I D M A U U I N N E L Ü
S M M F P O M B N L E E I T
J B M Y A T I D E S D M N M
L V U I I D N U O U T I E C
A N R O H J E P H L H A K A
```

AKADEEMIA
KUNST
KLASSIKALINE
KEHA
KULTUUR
KULTUURILINE
EMOTSIOON
ARMU

RÕÕMSA
LIIKUMINE
MUUSIKA
PARTNER
POOS
PEAPROOV
RÜTM
VISUAALNE

88 - Bâtiments

```
L O S S W Z R W H P T L H V
G D G F H Z I W G M O E I O
Ü L I K O O L L I F R E L G
N V P L T E H A S H N F S K
G N I W E S A L O N G I T I
T Ä H E L E P A N U K K A N
M G B H L V M I K G O O A O
H U R V P P K T L U O R D H
L N U H A I G L A F L T I R
T A D S A A T K O N D E O E
N O B L E G A R A A Ž R N M
F N A O I U T E A T E R A H
M W S U R R M L Y A V H L Y
S U P E R M A R K E T D C C
```

SAATKOND	LABOR
KORTER	MUUSEUM
SALONGI	TÄHELEPANU
LOSS	STAADION
KINO	SUPERMARKET
KOOL	TELK
GARAAŽ	TEATER
AIT	TORN
HAIGLA	ÜLIKOOL
HOTELL	TEHAS

89 - Pêche

```
T  L  I  B  P  N  Q  V  O  O  K  E  A  N
R  Õ  M  L  K  O  K  K  E  L  O  V  R  S
A  P  N  K  S  Ö  Ö  T  Y  Õ  N  M  Q  Q
A  U  I  O  V  E  S  I  K  U  K  L  G  Y
T  S  R  R  A  N  D  S  A  S  M  J  I
G  E  W  V  H  S  A  Z  J  L  A  M  K  J
A  D  M  H  O  H  Q  S  Ä  U  Y  L  R  M
J  Õ  E  P  F  N  V  A  R  U  S  T  U  S
L  I  I  A  L  D  U  S  V  W  G  P  B  H
K  A  N  N  A  T  L  I  K  K  U  S  T  O
U  K  L  C  A  U  Z  H  E  R  J  P  Z  O
H  J  C  G  I  W  D  I  D  J  G  A  B  A
P  F  Q  E  J  H  T  D  B  O  J  A  G  E
T  O  T  S  C  G  J  A  J  G  O  T  F  G
```

SÖÖT	JÕE
PAAT	JÄRV
LÕPUSED	LÕUALUU
KONKS	OOKEAN
KOKK	KORV
VESI	KANNATLIKKUST
LIIALDUS	RAND
VARUSTUS	KAAL
TRAAT	HOOAEG

90 - Activités et Loisirs

```
P  C  I  A  G  H  D  S  M  A  A  L  N  Y
V  O  Q  R  O  L  P  W  A  G  L  Y  W  B
W  M  K  O  L  U  F  J  T  F  A  C  T  L
U  F  L  S  F  V  Õ  R  K  P  A  L  L  D
Y  J  J  J  A  L  G  P  A  L  L  T  A  S
K  O  R  V  P  A  L  L  M  H  O  B  I  D
W  Y  K  Y  N  K  O  S  I  Q  Z  T  A  P
Y  Z  N  M  K  V  A  B  N  E  U  E  N  E
U  J  U  M  I  N  E  L  E  O  T  N  D  S
C  F  P  K  U  N  S  T  A  Y  C  N  U  A
S  U  K  E  L  D  U  M  A  P  O  I  S  P
T  E  L  K  I  M  I  N  E  B  Ü  S  T  A
Y  Y  L  Õ  Õ  G  A  S  T  A  V  Ü  A  L
V  Õ  I  D  U  S  Õ  I  T  H  Y  B  K  L
```

KUNST   UJUMINE
PESAPALL   HOBID
KORVPALL   MAAL
POKS   KALAPÜÜK
TELKIMINE   SUKELDUMA
VÕIDUSÕIT   MATKAMINE
JALGPALL   LÕÕGASTAV
GOLF   TENNIS
AIANDUS   VÕRKPALL

91 - Livres

```
A E U Y P D U A A L S U S M
S S B R H N T U J N F Y E V
O E J U T U S T A J A O E M
Y I Q A I Z T O L U G U R O
S K Q Q K R G R O L L V I Q
M L E H T O H C O Z U K A A
P U Y Q L M H L L L U U L E
L S Y S F A J A I U L U F E
U E P Q J A A U N G E O L P
V V I K M N L J E E T U A I
N H F D C G Z K L J U N Q L
F G W Z L E J O S A S W B I
U M C R K I R J A N D U S N
G D U I S D K O G U M I N E
```

AUTOR
SEIKLUS
KOGUMINE
DUAALSUS
EEPILINE
LUGU
AJALOOLINE
LEIDLIK
LUGEJA

KIRJANDUS
JUTUSTAJA
LEHT
ASJAKOHANE
LUULETUS
LUULE
ROMAAN
SEERIA

92 - Pays #2

```
N Q U K R A I N A U V O A S
T R W R K L C V J G T Z O U
B A Z C S Z H E L A S U T D
W J L I I B A N O N A H P A
Z Y V I V N P E H D S P H A
S Ü Ü R I A D M A A O A A N
D L N I R J R A I F M K Q N
M K M M H T M A T V A I G V
H E I A O F Y J I A A S V Z
S N H A T A A N I Y L T A K
L Y B H H I I N A C I A M S
T A W S I J O M T O A N R U
J S O J K K A L B A A N I A
M B O S A O O J A M A I C A
```

ALBAANIA	LIIBANON
HIINA	MEHHIKO
TAANI	UGANDA
HAITI	PAKISTAN
IIRIMAA	VENEMAA
JAMAICA	SOMAALIA
JAAPAN	SUDAAN
KENYA	SÜÜRIA
LAOS	UKRAINA

93 - Fournitures d'Art

```
K  M  O  L  B  E  R  T  H  M  P  L  F  A
A  U  Z  R  Q  J  C  G  P  Y  A  I  K  K
A  E  S  F  P  V  Q  V  U  W  B  I  S  V
M  S  B  T  H  A  R  J  A  D  E  M  S  A
E  Ü  K  O  U  T  C  O  E  A  R  L  A  R
R  S  H  O  V  T  R  T  Z  J  V  O  V  E
A  I  J  L  D  E  U  A  L  B  E  O  I  L
H  B  O  B  G  F  S  S  Õ  L  I  V  W  L
A  K  R  Ü  Ü  L  I  I  K  A  E  U  I  I
V  Ä  R  V  I  D  D  E  B  U  T  S  T  D
S  B  W  Q  G  B  E  Y  H  D  M  Y  I  V
S  H  P  A  S  T  E  L  L  I  D  M  N  A
G  B  W  G  Q  H  D  B  N  G  S  A  T  Y
P  L  I  I  A  T  S  I  D  J  W  V  C  T
```

AKRÜÜL
AKVARELLID
SAVI
HARJAD
KAAMERA
TOOL
SÜSI
MOLBERT
LIIM
VÄRVID

PLIIATSID
LOOVUS
VESI
TINT
KUSTUTUSKUMM
ÕLI
IDEED
PABER
PASTELLID
LAUD

94 - Jouets

```
D O N Z F P Z K R T N Z D Z
M Ä N G U D C V J R U V W Q
H G J N J D G Q Y U K E Z L
R S Y V A N N K W M K O A W
L A V D L J W U W M P A A T
E V A A G E K J N I A U K P
N I A M R O B O T D L T Ä U
N B U F A B P R H A L O S Z
U A T Z T T M A L E E T I Z
K B O R A W U Y L C M U T L
R T N L S W I D L R M K Ö E
I O O W F W V Ä R V I D Ö A
O I N A V L O H E P K L J Q
O O N G B W R V F Q Y T I T
```

SAVI
KÄSITÖÖ
LENNUK
PALL
PAAT
VEOAUTO
LOHE
MALE
LEMMIK
MÄNGUD

RAAMATUD
VÄRVID
NUKK
PUZZLE
ROBOT
TRUMMID
RONG
JALGRATAS
AUTO

95 - Eau

```
R Z Z N J K K I D U Š Š G N
Y Y K I Õ Ä H A U R C H E I
E R Ü I E I R Q N F O W I I
B V L S T D F V I A Z G S S
K Q M U S S O O N D L Q E K
O U V T O E J O O D A V R U
R O P U Ü L E U J U T U S S
K B K S L U R D Ä Z F J L W
A F R E H M T G Ä M Z S A M
A M S P A I J F A T U E I Y
N M B H A N N I I S K E N K
M Z K R I K C N N H Q C E V
A U R U S T U M I N E G D U
J V I H M A F F Z O D P W Y
```

KANAL
DUŠŠ
AURUSTUMINE
JÕE
KÜLM
GEISER
JÄÄ
NIISKE
NIISKUS
ÜLEUJUTUS

NIISUTUS
JÄRV
MUSSOON
LUMI
OOKEAN
ORKAAN
VIHMA
JOODAV
LAINED
AUR

96 - Paysages

```
E  D  S  R  S  T  N  Y  N  M  D  G  P  B
E  V  M  J  A  Y  U  L  E  E  R  E  S  H
V  U  L  K  A  A  N  N  J  R  Y  I  V  V
A  Q  Y  U  R  W  B  T  D  I  J  S  R  G
P  O  O  L  S  A  A  R  Z  R  I  E  A  B
D  K  O  O  B  A  S  W  K  K  A  R  N  D
R  U  R  H  S  J  Õ  E  Õ  B  E  M  D  O
W  C  G  K  Q  L  Ä  B  R  T  P  V  R  A
L  I  U  S  T  I  K  R  B  J  S  E  Q  A
N  T  L  B  Z  B  N  T  V  U  O  P  L  S
M  Ä  E  S  T  U  A  A  R  G  O  L  H  V
J  Ä  Ä  M  Ä  G  I  U  H  A  U  N  K  Y
N  N  G  J  T  K  J  F  O  Y  G  L  S  S
A  Y  C  I  D  S  A  Z  A  L  E  Z  J  J
```

JUGA	JÄRV
MÄE	SOO
KÕRB	MERI
ESTUAAR	MÄGI
JÕE	OAAS
GEISER	POOLSAAR
LIUSTIK	RAND
KOOBAS	TUNDRA
JÄÄMÄGI	ORG
SAAR	VULKAAN

97 - Nombres

```
K D K K Ü M M E J L R I N P
O G A F H N E L I T E I S T
L J H S E I T S E T E I S T
M M E S K U U S T E I S T I
A L K C S H E R W Y V I I S
P G S K A K S K Ü M M E N D
K W A T T K A K S T E I S T
A S T E E K U U S W D M M Y
H N E L I K O L M T E I S T
E U I I S K E K V O G T T W
K L S I T I A E O E G C M Z
S L T W E S L K K M E H D F
A U E A Ü H E K S A A I R L
V I I S T E I S T P Q B I H
```

VIIS   NELITEIST
KAKS   NELI
KOMA   VIISTEIST
KÜMME   KUUSTEIST
KAHEKSATEIST   SEITSE
ÜHEKSATEIST   KUUS
SEITSETEIST   KOLMTEIST
KAKSTEIST   KOLM
KAHEKSA   KAKSKÜMMEND
ÜHEKSA   NULL

98 - Nature

```
Z T E D Ü N A A M I L I N E
A V A R J U P A I K Z V T C
P Y W P O S A N C T U A R Y
R G U N U S L U U H T J O M
K A L J U D I O J M N O O E
P G H F P M U O V D O L P S
E I L U D R S E O J Õ E I I
Y T L M L K T L E N T H L L
O L H V V I I U I L L E I A
A Q M K E B K L I O G S N S
R Q R D B D Õ I F O M T E E
I U O K F E R N D M U I Y D
M E T S I K B E S A D K U O
I Y D T I M E T S D U B L R
```

MESILASED
VARJUPAIK
LOOMAD
ILU
UDU
KÕRB
DÜNAAMILINE
EROSIOON
KALJUD
LEHESTIK

JÕE
METS
LIUSTIK
PILVED
SANCTUARY
METSIK
RAHULIK
TROOPILINE
ELULINE

99 - Bateaux

```
M E R I P P T O L Y T S G B
A N K U R A U Y G Z H E W C
D U R K A R U R M M A S T B
R P H L A V G P J Ä R V D N
U A M A M E R E D E Z D M D
S A J M P K Ö I S A K J E V
F Ü M O L A I N E D D A E J
I D S O L N L R Y F B H S Õ
P O E T J U I P R G T T K E
C O R O A U H B U D J Q O E
R N I R T Õ U S U L A I N E
L H Y V O O K E A N R Q D V
S G Q Z G J B O D R S L E T
A A H B G B M O Q K U T A R
```

ANKUR
POI
KANUU
KÖIS
MEESKOND
PRAAM
JÕE
SÜSTA
JÄRV
TÕUSULAINE

MADRUS
MAST
MERI
MOOTOR
MERED
OOKEAN
PARV
LAINED
PURJEKAS
JAHT

100 - Mesures

```
K  S  E  N  T  I  M  E  E  T  E  R  G  K
M  Õ  N  D  O  B  K  J  Q  V  H  A  R  U
I  T  R  Q  N  P  I  M  N  C  B  A  A  A
N  U  E  G  N  N  L  F  J  K  A  B  M  K
U  R  U  D  U  K  O  H  S  G  I  W  M  R
T  C  N  J  N  S  G  L  I  I  T  E  R  A
K  O  M  A  T  Ü  R  M  A  S  S  L  J  A
P  N  L  W  S  G  A  E  D  I  S  V  D  D
V  I  G  R  K  A  M  E  M  W  U  V  U  E
A  D  N  Z  L  V  M  T  T  V  Z  S  P  I
Z  Y  Y  T  G  U  B  E  P  I  K  K  U  S
Y  O  D  W  E  S  Y  R  U  Z  P  R  B  P
K  A  A  L  K  I  L  O  M  E  E  T  R  I
T  O  L  L  I  F  K  W  F  E  W  C  I  C
```

SENTIMEETER	MASS
KRAAD	MEETER
KOMA	MINUT
GRAMM	BAIT
KÕRGUS	UNTS
KILOGRAMM	PINT
KILOMEETRI	KAAL
LAIUS	TOLL
LIITER	SÜGAVUS
PIKKUS	TONN

1 - Été

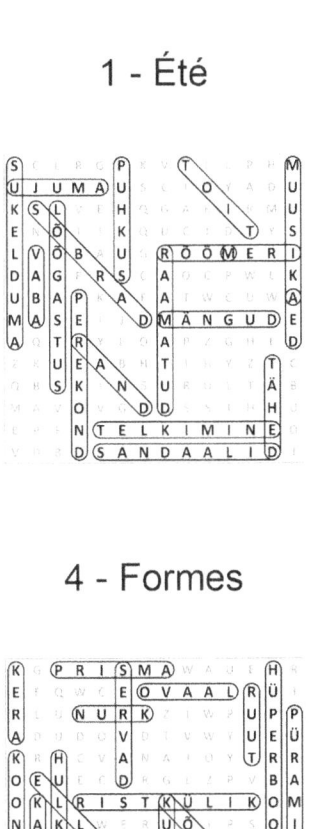

2 - Adjectifs #2

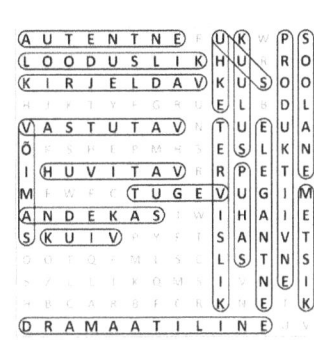

3 - Exploration

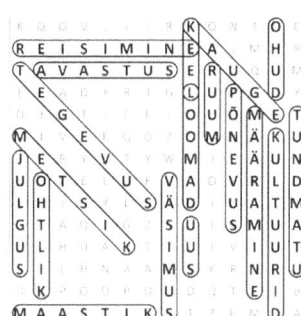

4 - Formes

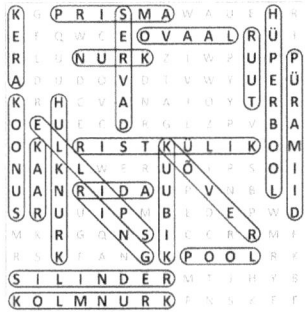

5 - Adjectifs #1

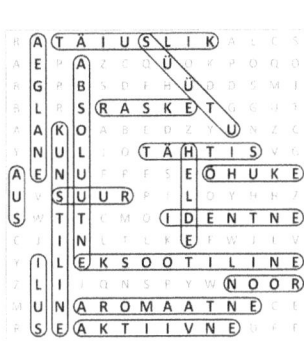

6 - Instruments de Musique

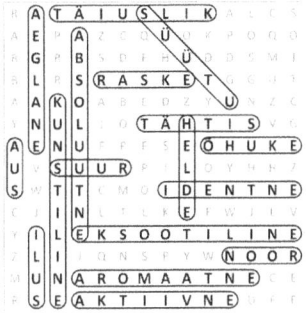

7 - Échecs

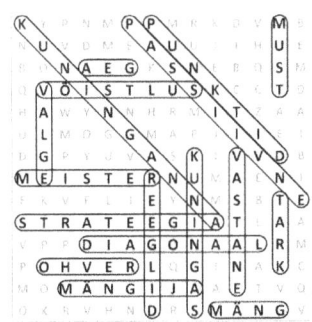

8 - Herboristerie

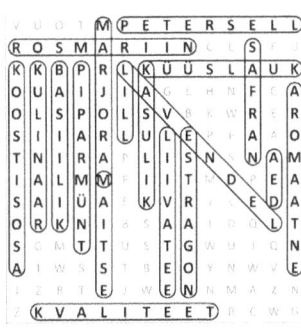

9 - Véhicules

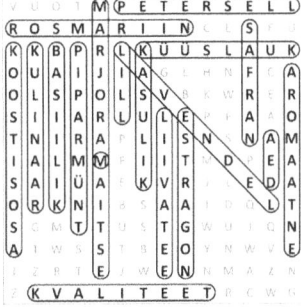

10 - Camping

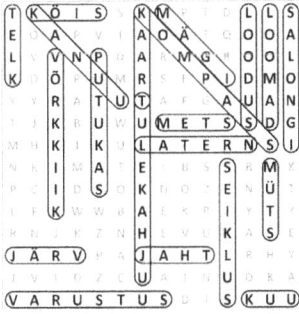

11 - Écologie

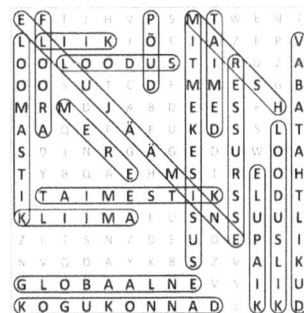

12 - Astronomie

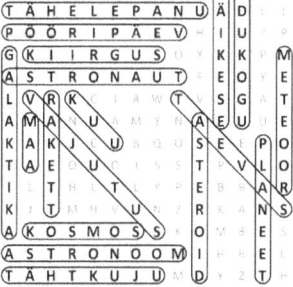

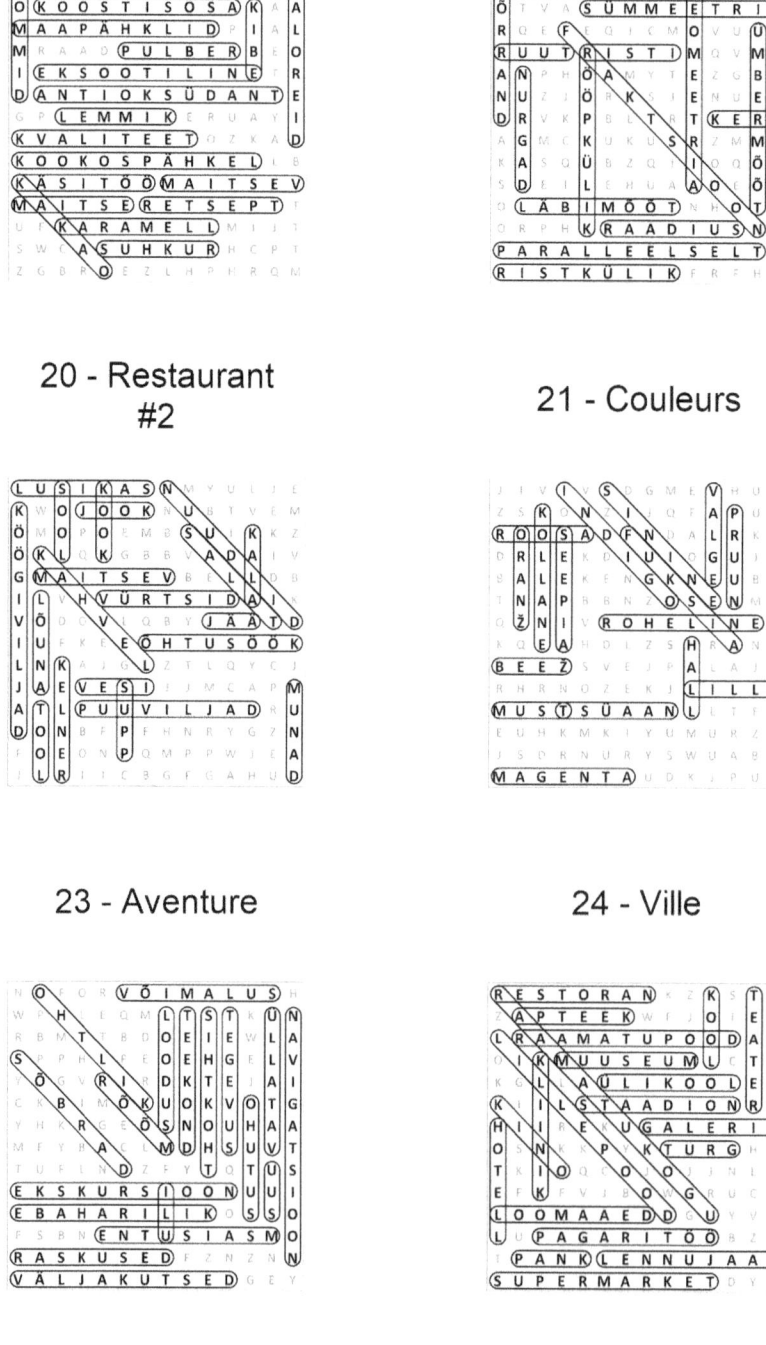

13 - Types de Cheveux

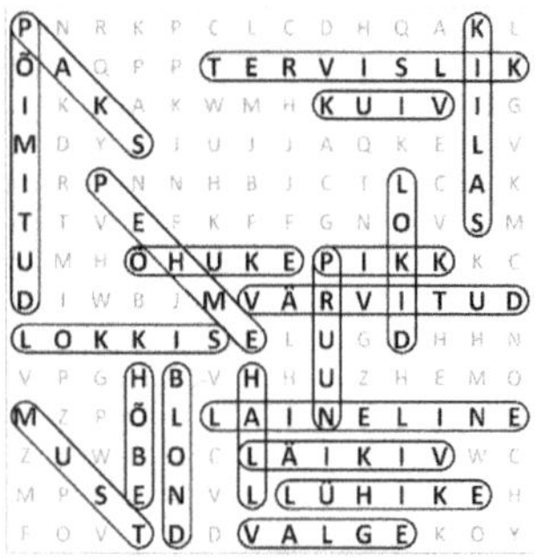

14 - Restaurant #1

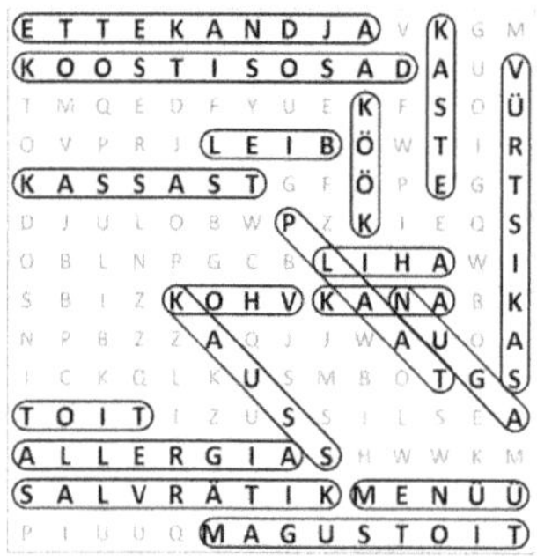

15 - Mammifères

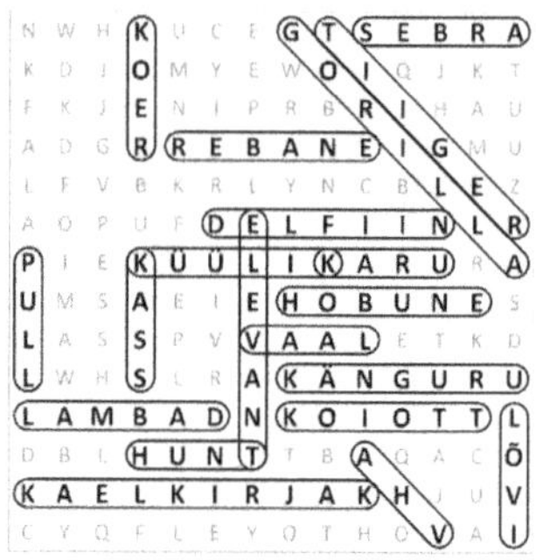

16 - Sports

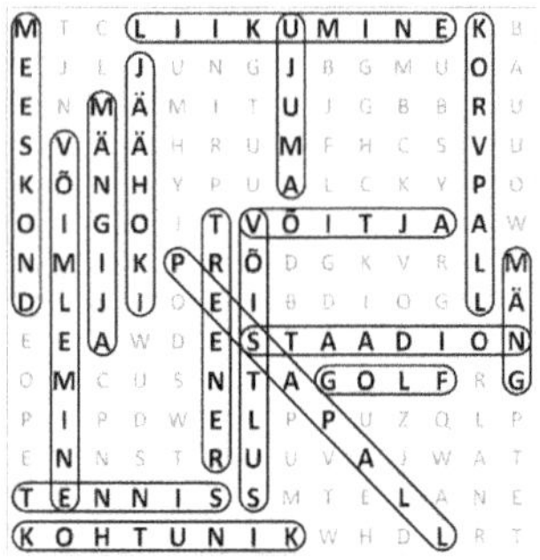

17 - Chocolat

18 - Mathématiques

19 - Mythologie

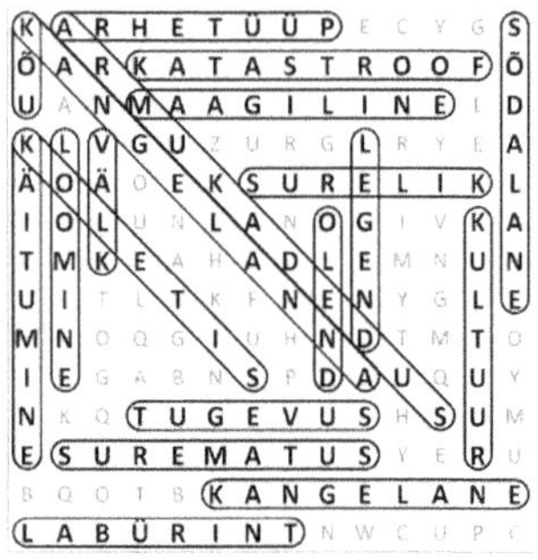

20 - Restaurant #2

21 - Couleurs

22 - Avions

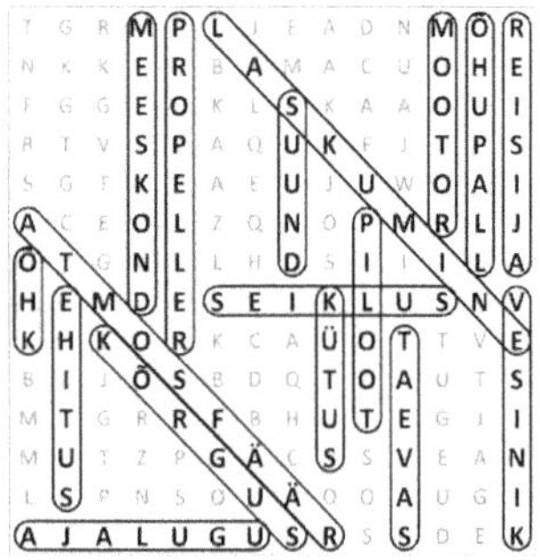

23 - Aventure

24 - Ville

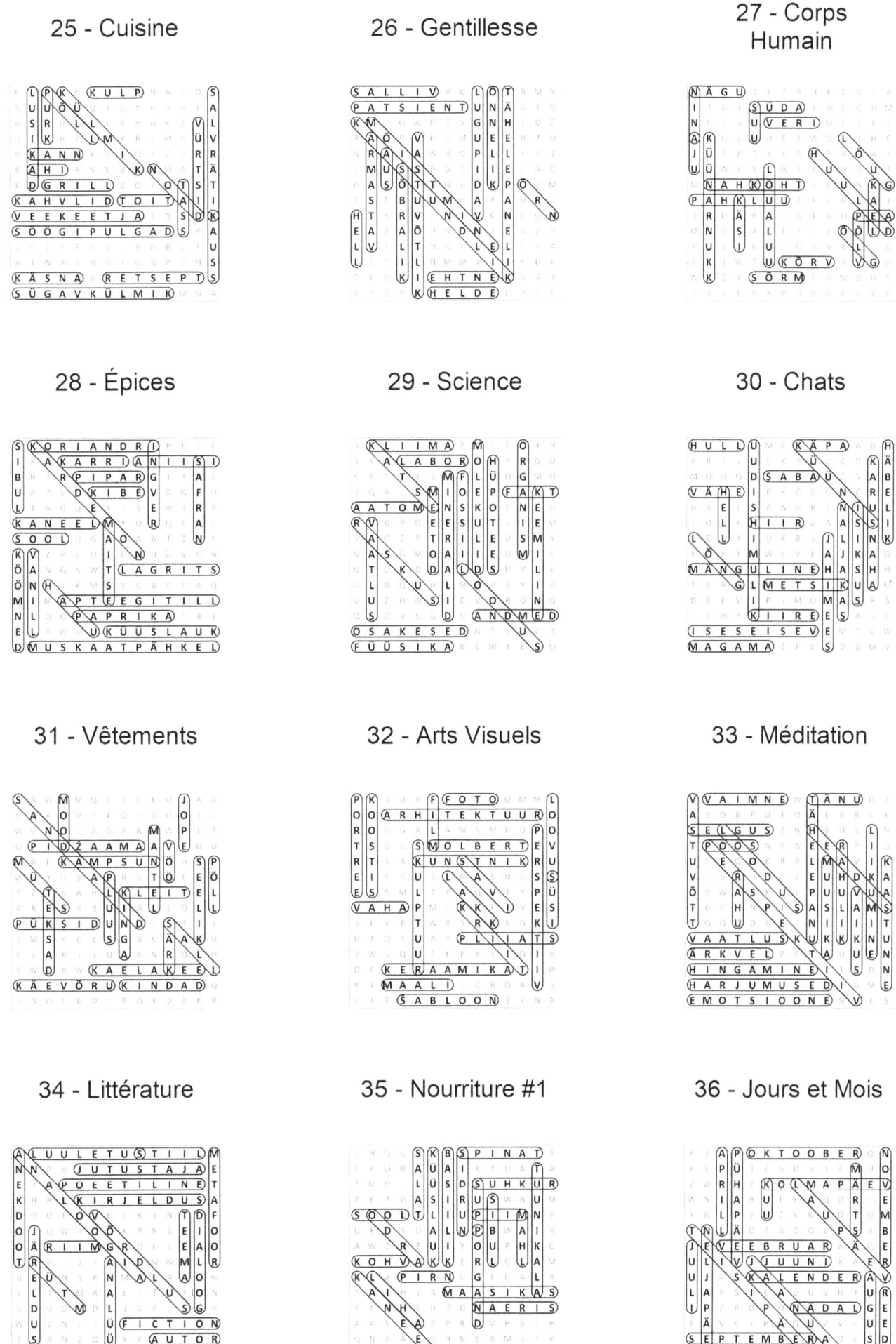

25 - Cuisine

26 - Gentillesse

27 - Corps Humain

28 - Épices

29 - Science

30 - Chats

31 - Vêtements

32 - Arts Visuels

33 - Méditation

34 - Littérature

35 - Nourriture #1

36 - Jours et Mois

37 - Pirates

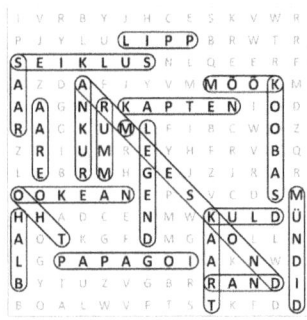

38 - Activités

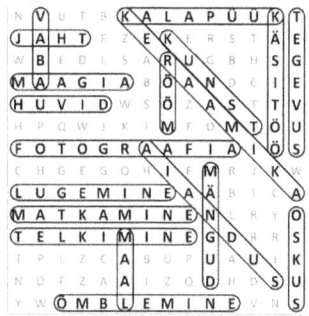

39 - Fleurs

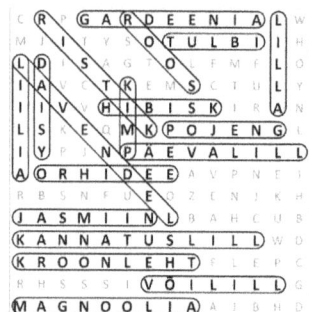

40 - Nourriture #2

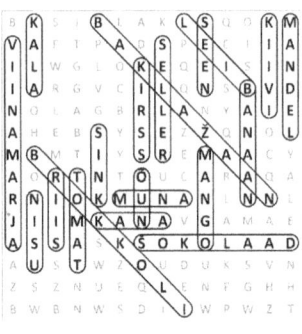

41 - Océan

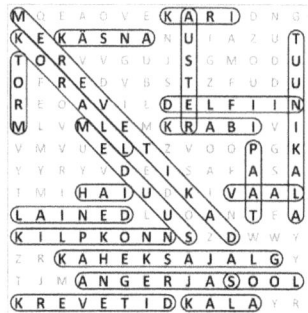

42 - Remplir

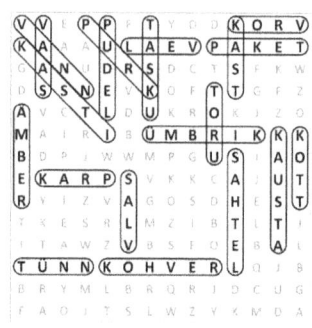

43 - Ballet

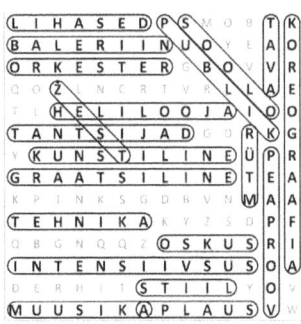

44 - Fruit

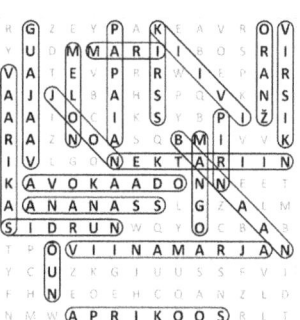

45 - Surf

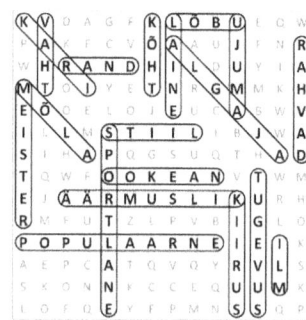

46 - Technologie

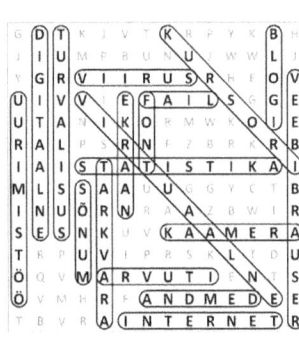

47 - Météo

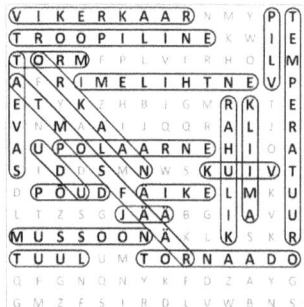

48 - Châteaux

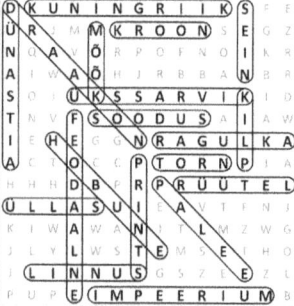

49 - Randonnée

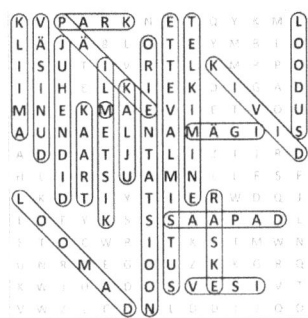

50 - Meubles

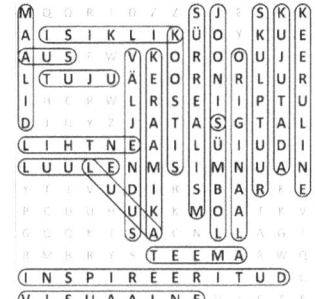

51 - Art

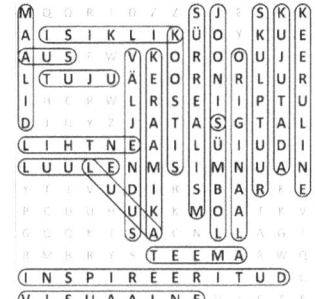

52 - Nutrition

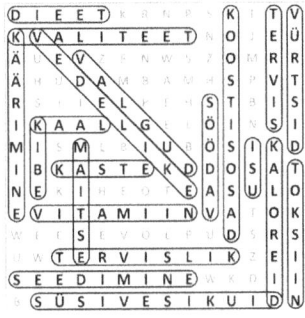

53 - Science Fiction

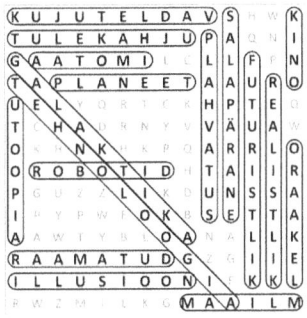

54 - Vertus #1

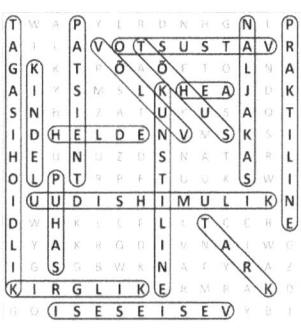

55 - Professions #1

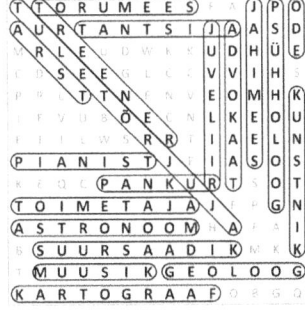

56 - Géologie

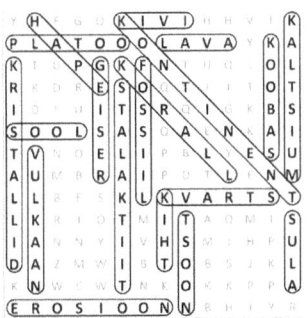

57 - Cirque

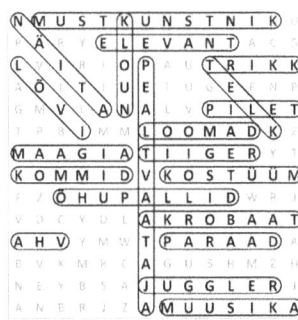

58 - Jardin

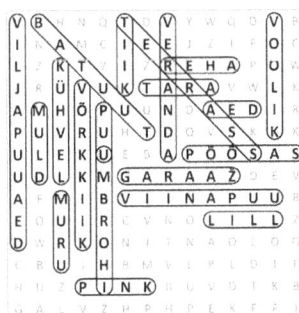

59 - Barbecues

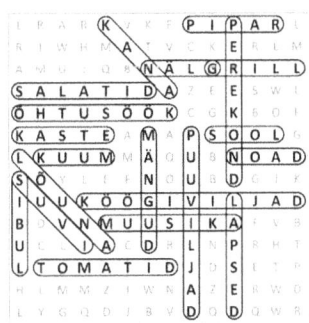

60 - Anniversaire

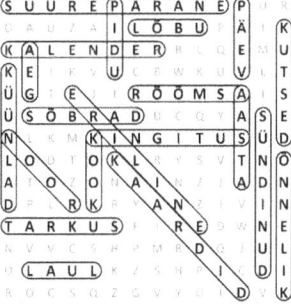

61 - Animaux de Compagnie

62 - Forêt Tropicale

63 - Insectes

64 - Ferme #1

65 - Escalade

66 - École #2

67 - Antarctique

68 - Professions #2

69 - Les Abeilles

70 - Dinosaures

71 - Conduite

72 - Plantes

73 - Ferme #2

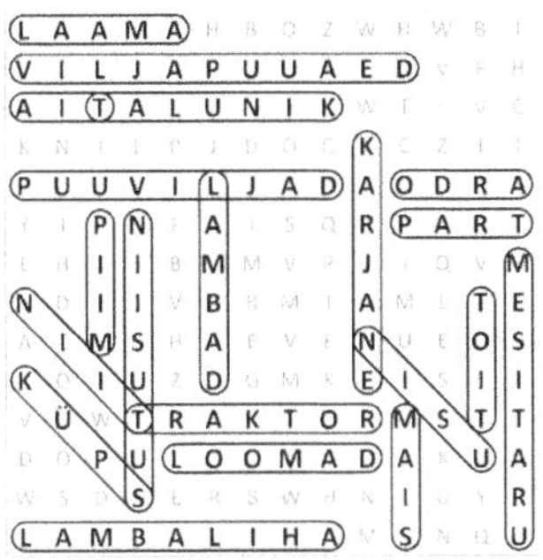

LAAMA
VILJAPUUAED
AITALUNIK
PUUVILJAD
ODRA
PART
KARJAMAA
TRAKTOR
LOOMAD
LAMBALIHA

74 - École #1

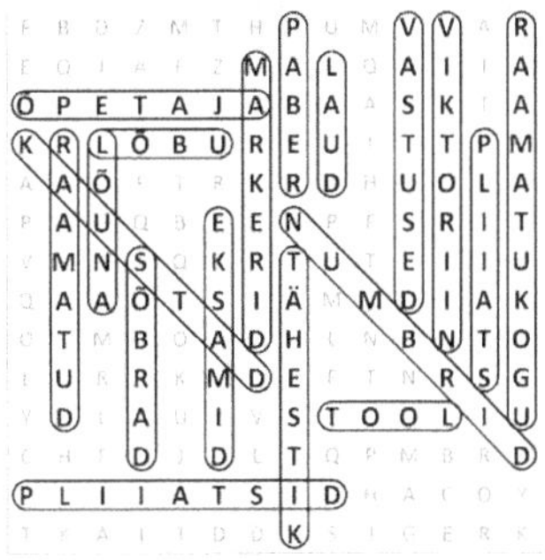

OPETAJA
LÕBU
TOOL
PLIIATSID

75 - Vacances #2

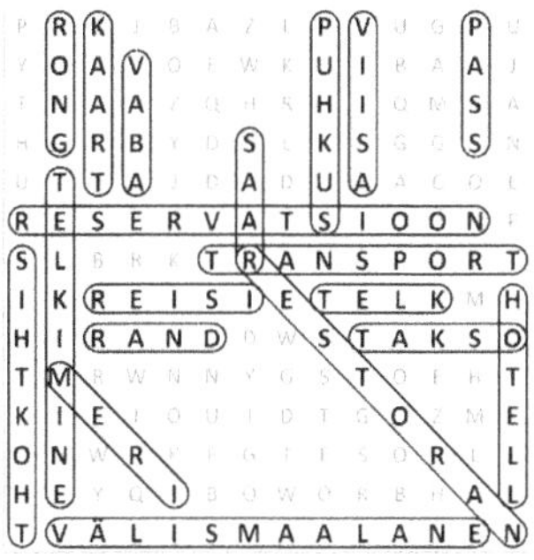

RESERVATSIOON
TRANSPORT
REISI
RAND
TAKSO
VÄLISMAALANEN

76 - Outils

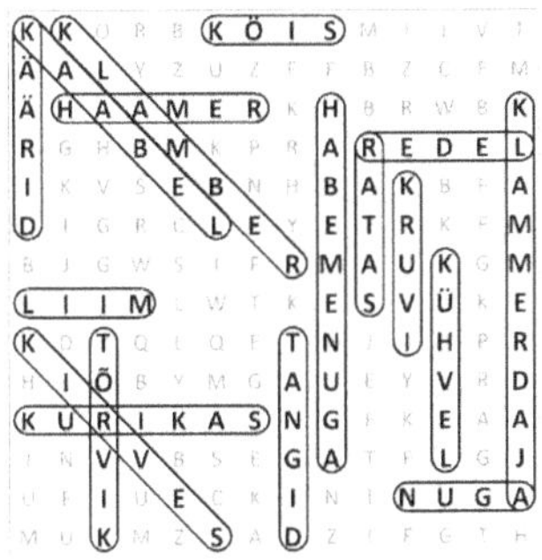

KÖIS
HAAMER
REDEL
LIIM
KURIKAS
TANG
NUGA

77 - Temps

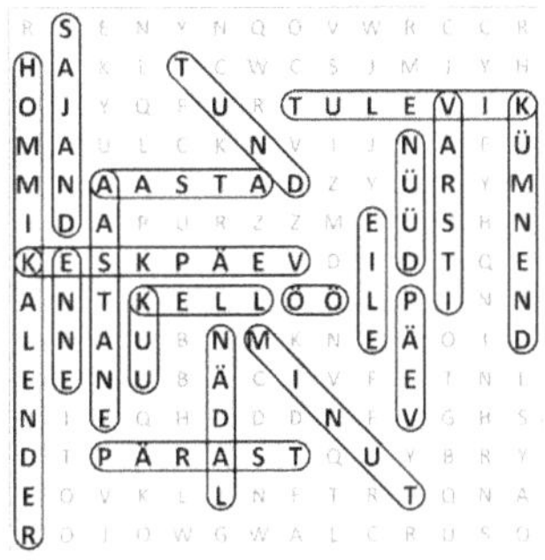

TULEVIK
AASTAD
KESKPÄEV
KELLOOL
PÄRAST

78 - Maison

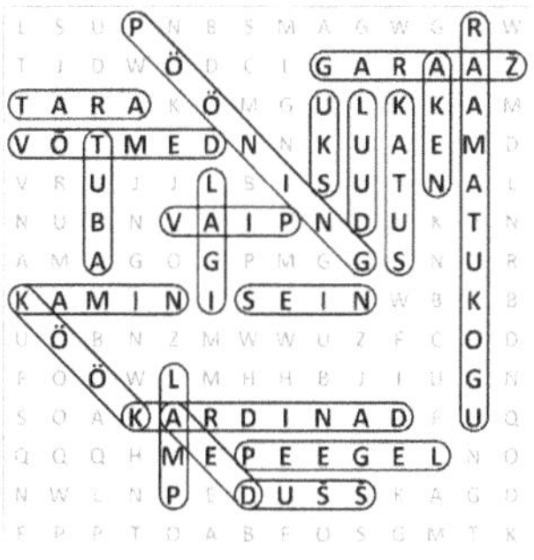

GARAA
TARA
VÕTMED
VAIP
KAMIN
SEIN
KARDINAD
PEEGEL
DUSS

79 - Légumes

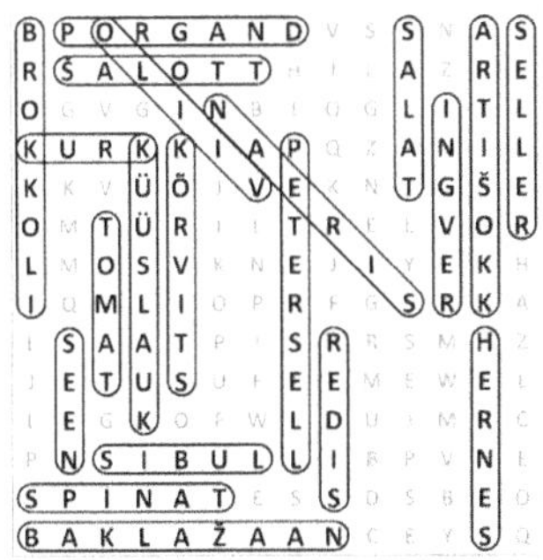

PORGAND
SALOTT
KURK
SIBUL
SPINAT
BAKLAŽAAN

80 - Plage

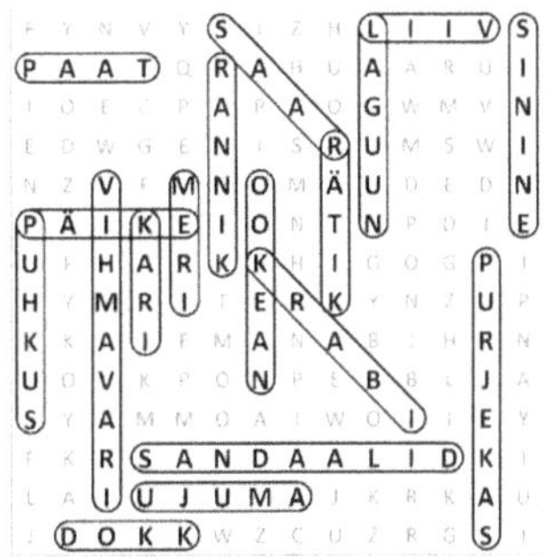

PAAT
LIIV
PÄIKE
SANDAALID
UJUMA
DOKK

81 - Vacances #1

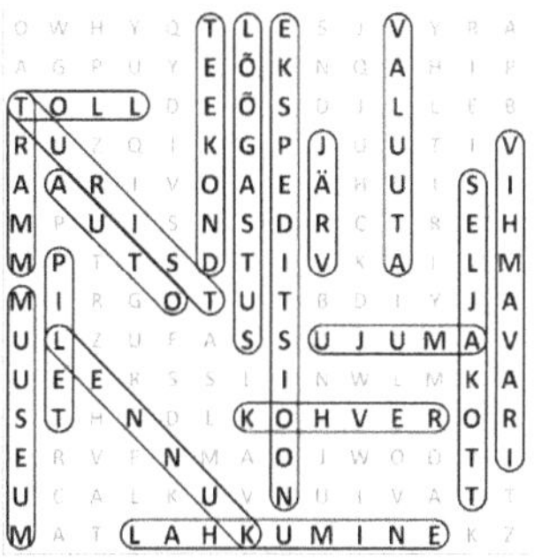

TOLL
VALUUTA
UJUMA
KOHVER
LAHKUMINE

82 - Famille

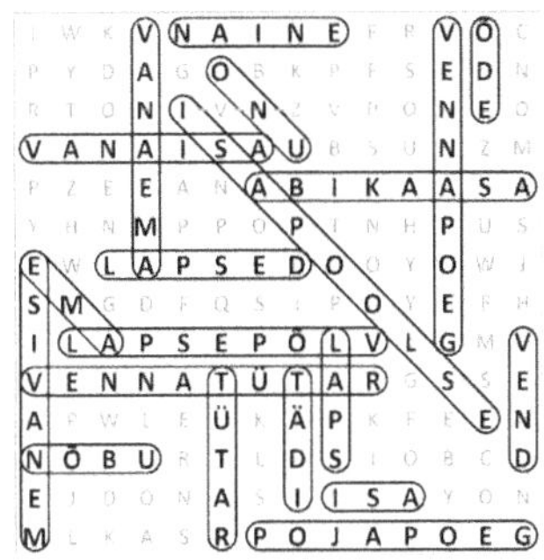

NAINE
VANAISA
ABIKAASA
LAPSED
LAPSEPÕLV
VENNATÜTAR
NÕBU

83 - Oiseaux

TUVI
KAJAKAS
PINGVIIN
MUNA
KAGU
PAABULIND
VARBLANE
HAIGURTUUKAN
KOTKAS

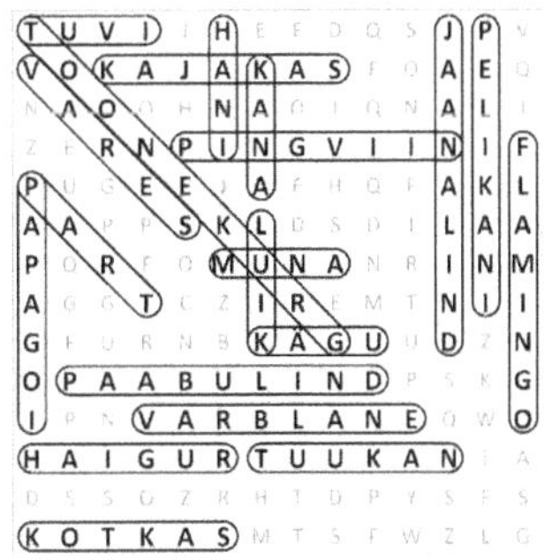

84 - Disciplines
Scientifiques

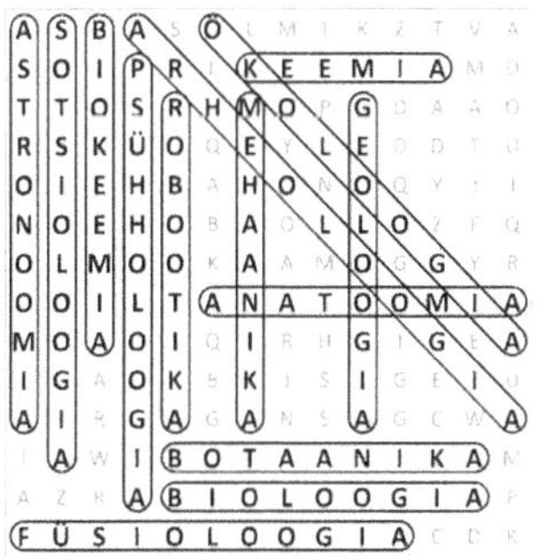

KEEMIA
ANATOOMIA
BOTAANIKA
BIOLOOGIA
FÜSIOLOOGIA

85 - Émotions

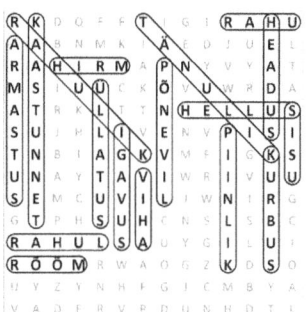

86 - Géographie

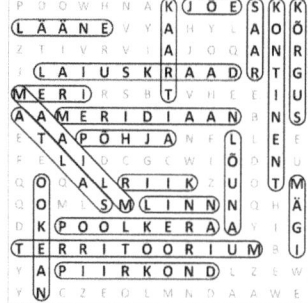

87 - Danse

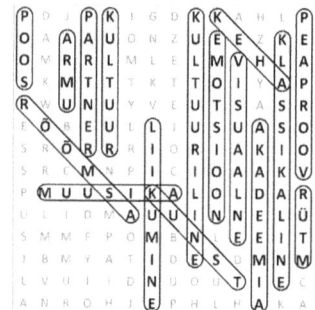

88 - Bâtiments

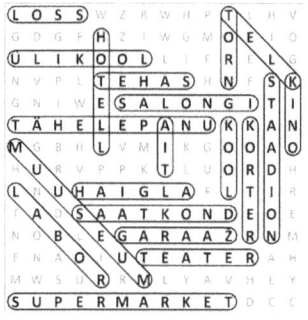

89 - Pêche

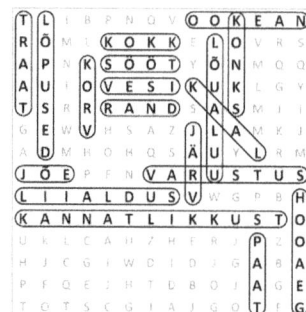

90 - Activités et Loisirs

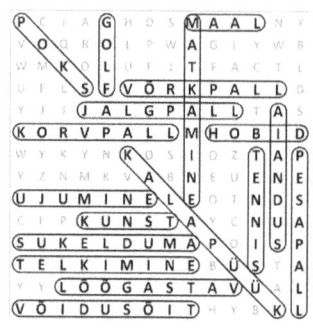

91 - Livres

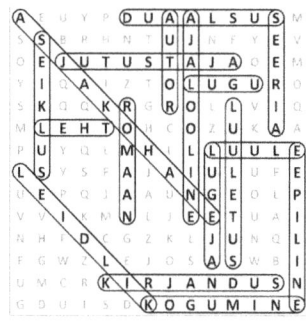

92 - Pays #2

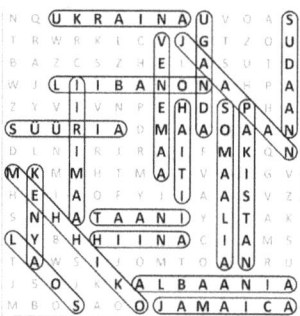

93 - Fournitures d'Art

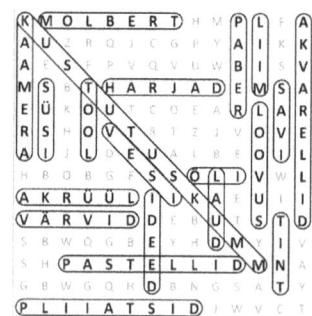

94 - Jouets

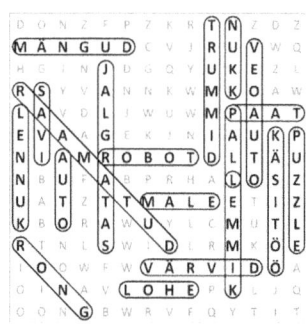

95 - Eau

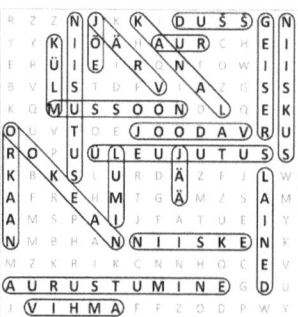

96 - Paysages

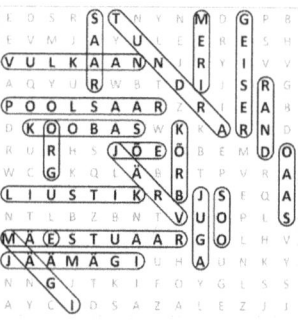

97 - Nombres

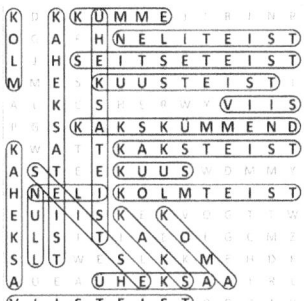

98 - Nature

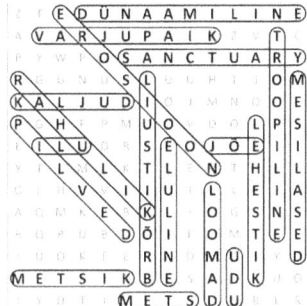

99 - Bateaux

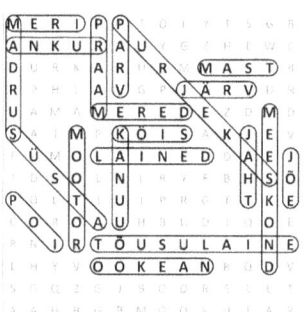

100 - Mesures

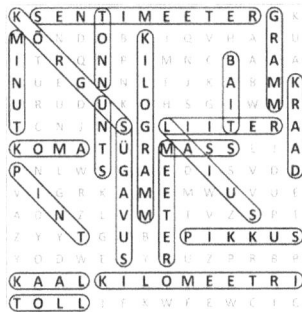

Dictionnaire

Activités
Tegevused

Activité	Tegevus
Art	Kunst
Artisanat	Käsitöö
Camping	Telkimine
Céramique	Keraamika
Chasse	Jaht
Compétence	Oskus
Couture	Õmblemine
Intérêts	Huvid
Jardinage	Aiandus
Jeux	Mängud
Lecture	Lugemine
Loisir	Vaba
Magie	Maagia
Peinture	Maal
Pêche	Kalapüük
Photographie	Fotograafia
Plaisir	Rõõm
Randonnée	Matkamine
Relaxation	Lõõgastus

Activités et Loisirs
Tegevused ja Vaba Aeg

Art	Kunst
Base-Ball	Pesapall
Basket-Ball	Korvpall
Boxe	Poks
Camping	Telkimine
Course	Võidusõit
Football	Jalgpall
Golf	Golf
Jardinage	Aiandus
Nager	Ujumine
Passe-Temps	Hobid
Peinture	Maal
Pêche	Kalapüük
Plongée	Sukelduma
Randonnée	Matkamine
Relaxant	Lõõgastav
Surf	Surfamine
Tennis	Tennis
Volley-Ball	Võrkpall
Voyage	Reisimine

Adjectifs #1
Omadussõnad #1

Absolu	Absoluutne
Actif	Aktiivne
Aromatique	Aromaatne
Artistique	Kunstiline
Attractif	Atraktiivne
Beau	Ilus
Exotique	Eksootiline
Généreux	Helde
Grand	Suur
Honnête	Aus
Identique	Identne
Important	Tähtis
Innocent	Süütu
Jeune	Noor
Lent	Aeglane
Lourd	Raske
Mince	Õhuke
Moderne	Kaasaegne
Parfait	Täiuslik
Utile	Abivalmis

Adjectifs #2
Omadussõnad #2

Authentique	Autentne
Célèbre	Kuulus
Créatif	Loominguline
Descriptif	Kirjeldav
Doué	Andekas
Dramatique	Dramaatiline
Élégant	Elegantne
Fier	Uhke
Fort	Tugev
Intéressant	Huvitav
Naturel	Looduslik
Nouveau	Uus
Productif	Produktiivne
Puissant	Võimas
Pur	Puhas
Responsable	Vastutav
Sain	Tervislik
Salé	Soolane
Sauvage	Metsik
Sec	Kuiv

Animaux de Compagnie
Lemmikloomad

Chat	Kass
Chaton	Kassipoeg
Chèvre	Kits
Chien	Koer
Chiot	Kutsikas
Collier	Krae
Eau	Vesi
Hamster	Hamster
Laisse	Rihm
Lapin	Küülik
Lézard	Sisalik
Nourriture	Toit
Pattes	Käpad
Perroquet	Papagoi
Poisson	Kala
Queue	Saba
Souris	Hiir
Tortue	Kilpkonn
Vache	Lehm

Anniversaire
Sünnipäev

Amis	Sõbrad
Amusement	Lõbu
Année	Aasta
Bougies	Küünlad
Cadeau	Kingitus
Calendrier	Kalender
Cartes	Kaardid
Chanson	Laul
Fête	Pidu
Gâteau	Kook
Heureux	Õnnelik
Invitations	Kutsed
Jeune	Noor
Jour	Päev
Joyeux	Rõõmsa
Né	Sündinud
Sagesse	Tarkus
Spécial	Eriline
Super	Suurepärane
Temps	Aeg

Antarctique
Antarktika

Baie	Lahe
Baleines	Vaalad
Chercheur	Teadlane
Conservation	Säilitamine
Continent	Kontinent
Eau	Vesi
Environnement	Keskkond
Expédition	Ekspeditsioon
Géographie	Geograafia
Glace	Jää
Glaciers	Liustike
Îles	Saared
Migration	Ränne
Minéraux	Mineraalid
Oiseaux	Linnud
Péninsule	Poolsaar
Rocheux	Kivine
Scientifique	Teaduslik
Température	Temperatuur
Topographie	Topograafia

Art
Kunst

Céramique	Keraamika
Complexe	Keeruline
Composition	Koostis
Créer	Luua
Dépeindre	Kujutada
Expression	Väljendus
Figure	Joonis
Honnête	Aus
Humeur	Tuju
Inspiré	Inspireeritud
Original	Originaal
Peintures	Maalid
Personnel	Isiklik
Poésie	Luule
Sculpture	Skulptuur
Simple	Lihtne
Sujet	Teema
Surréalisme	Sürrealism
Symbole	Sümbol
Visuel	Visuaalne

Arts Visuels
Visuaalne Kunst

Architecture	Arhitektuur
Argile	Savi
Artiste	Kunstnik
Céramique	Keraamika
Charbon	Süsi
Chef-D'Œuvre	Meistriteos
Chevalet	Molbert
Cire	Vaha
Composition	Koostis
Craie	Kriit
Crayon	Pliiats
Créativité	Loovus
Film	Film
Peinture	Maali
Perspective	Perspektiiv
Photographie	Foto
Pochoir	Šabloon
Portrait	Portree
Sculpture	Skulptuur
Vernis	Lakk

Astronomie
Astronoomia

Astéroïde	Asteroid
Astronaute	Astronaut
Astronome	Astronoom
Ciel	Taevas
Constellation	Tähtkuju
Cosmos	Kosmos
Éclipse	Vajutus
Équinoxe	Pööripäev
Fusée	Rakett
Galaxie	Galaktika
Lune	Kuu
Météore	Meteoor
Nébuleuse	Udukogu
Observatoire	Tähelepanu
Planète	Planeet
Radiation	Kiirgus
Solaire	Päikese
Supernova	Supernoova
Terre	Maa
Univers	Universum

Aventure
Seiklus

Activité	Tegevus
Amis	Sõbrad
Beauté	Ilu
Chance	Võimalus
Dangereux	Ohtlik
Destination	Sihtkoht
Défis	Väljakutsed
Difficulté	Raskused
Enthousiasme	Entusiasm
Excursion	Ekskursioon
Inhabituel	Ebaharilik
Itinéraire	Teekond
Joie	Rõõm
Nature	Loodus
Navigation	Navigatsioon
Nouveau	Uus
Préparation	Ettevalmistus
Sécurité	Ohutus
Surprenant	Üllatav

Avions
Lennukid

Air	Õhk
Atmosphère	Atmosfäär
Atterrissage	Maandumine
Aventure	Seiklus
Ballon	Õhupall
Carburant	Kütus
Ciel	Taevas
Construction	Ehitus
Descente	Laskumine
Direction	Suund
Équipage	Meeskond
Gonfler	Paisutavad
Hauteur	Kõrgus
Hélices	Propeller
Histoire	Ajalugu
Hydrogène	Vesinik
Moteur	Mootor
Passager	Reisija
Pilote	Piloot
Turbulence	Turbulents

Ballet
Ballett

Applaudissement	Aplaus
Artistique	Kunstiline
Ballerine	Baleriin
Chorégraphie	Koreograafia
Compétence	Oskus
Compositeur	Helilooja
Danseurs	Tantsijad
Geste	Žest
Gracieux	Graatsiline
Intensité	Intensiivsus
Muscles	Lihased
Musique	Muusika
Orchestre	Orkester
Pratique	Tava
Public	Publik
Répétition	Peaproov
Rythme	Rütm
Solo	Soolo
Style	Stiil
Technique	Tehnika

Barbecues
Grillid

Chaud	Kuum
Couteaux	Noad
Déjeuner	Lõuna
Dîner	Õhtusöök
Enfants	Lapsed
Été	Suvi
Faim	Nälg
Famille	Perekond
Fruit	Puuviljad
Gril	Grill
Jeux	Mängud
Légumes	Köögiviljad
Musique	Muusika
Oignons	Sibul
Poivre	Pipar
Poulet	Kana
Salades	Salatid
Sauce	Kaste
Sel	Sool
Tomates	Tomatid

Bateaux
Paadid

Ancre	Ankur
Bouée	Poi
Canoë	Kanuu
Corde	Köis
Équipage	Meeskond
Ferry	Praam
Fleuve	Jõe
Kayak	Süsta
Lac	Järv
Marée	Tõusulaine
Marin	Madrus
Mât	Mast
Mer	Meri
Moteur	Mootor
Nautique	Mered
Océan	Ookean
Radeau	Parv
Vagues	Lained
Voilier	Purjekas
Yacht	Jaht

Bâtiments
Hooned

Ambassade	Saatkond
Appartement	Korter
Cabine	Salongi
Château	Loss
Cinéma	Kino
École	Kool
Garage	Garaaž
Grange	Ait
Hôpital	Haigla
Hôtel	Hotell
Laboratoire	Labor
Musée	Muuseum
Observatoire	Tähelepanu
Stade	Staadion
Supermarché	Supermarket
Tente	Telk
Théâtre	Teater
Tour	Torn
Université	Ülikool
Usine	Tehas

Camping
Kämping

Animaux	Loomad
Aventure	Seiklus
Boussole	Kompass
Cabine	Salongi
Canoë	Kanuu
Carte	Kaart
Chapeau	Müts
Chasse	Jaht
Corde	Köis
Équipement	Varustus
Feu	Tulekahju
Forêt	Mets
Hamac	Võrkkiik
Insecte	Putukas
Lac	Järv
Lanterne	Latern
Lune	Kuu
Montagne	Mägi
Nature	Loodus
Tente	Telk

Chats
Kassid

Affectueux	Hell
Chasseur	Jahimees
Curieux	Uudishimulik
Dormir	Magama
Drôle	Naljakas
Espiègle	Mänguline
Fil	Lõng
Fou	Hull
Fourrure	Karusnaha
Griffe	Küünis
Indépendant	Iseseisev
Patte	Käpa
Personnalité	Isiksus
Peu	Vähe
Queue	Saba
Rapide	Kiire
Sauvage	Metsik
Souris	Hiir
Timide	Häbelik

Châteaux
Lossid

Armure	Soodus
Bouclier	Kilp
Catapulte	Ragulka
Cheval	Hobune
Chevalier	Rüütel
Couronne	Kroon
Dragon	Draakon
Dynastie	Dünastia
Empire	Impeerium
Épée	Mõõk
Féodal	Feodaalne
Forteresse	Linnus
Licorne	Ükssarvik
Mur	Sein
Noble	Üllas
Palais	Palee
Prince	Prints
Princesse	Printsess
Royaume	Kuningriik
Tour	Torn

Chocolat
Šokolaad

Amer	Kibe
Antioxydant	Antioksüdant
Arôme	Aroom
Artisanal	Käsitöö
Bonbon	Kommid
Cacahuètes	Maapähklid
Cacao	Kakao
Calories	Kaloreid
Caramel	Karamell
Délicieux	Maitsev
Doux	Magus
Exotique	Eksootiline
Favori	Lemmik
Goût	Maitse
Ingrédient	Koostisosa
Noix de Coco	Kookospähkel
Poudre	Pulber
Qualité	Kvaliteet
Recette	Retsept
Sucre	Suhkur

Cirque
Tsirkus

Acrobate	Akrobaat
Animaux	Loomad
Astuce	Trikk
Ballons	Õhupallid
Billet	Pilet
Bonbon	Kommid
Clown	Kloun
Costume	Kostüüm
Éléphant	Elevant
Jongleur	Juggler
Lion	Lõvi
Magicien	Mustkunstnik
Magie	Maagia
Montrer	Näita
Musique	Muusika
Parade	Paraad
Singe	Ahv
Spectateur	Pealtvaataja
Tente	Telk
Tigre	Tiiger

Conduite
Sõitmine

Accident	Õnnetus
Camion	Veoauto
Carburant	Kütus
Carte	Kaart
Danger	Oht
Freins	Pidurid
Garage	Garaaž
Gaz	Gaas
Licence	Litsents
Moteur	Mootor
Moto	Mootorratas
Piéton	Jalakäija
Police	Politsei
Route	Tee
Sécurité	Ohutus
Trafic	Liiklus
Transport	Transport
Tunnel	Tunnel
Vitesse	Kiirus
Voiture	Auto

Corps Humain
Inimkeha

Bouche	Suu
Cerveau	Aju
Cheville	Pahkluu
Cou	Kael
Coude	Küünarnukk
Cœur	Süda
Doigt	Sõrm
Estomac	Kõht
Épaule	Õlg
Genou	Põlv
Lèvres	Huuled
Main	Käsi
Mâchoire	Lõualuu
Menton	Lõug
Nez	Nina
Oreille	Kõrv
Peau	Nahk
Sang	Veri
Tête	Pea
Visage	Nägu

Couleurs
Värvid

Beige	Beež
Blanc	Valge
Bleu	Sinine
Cyan	Tsüaan
Fuchsia	Fuksia
Gris	Hall
Indigo	Indigo
Jaune	Kollane
Magenta	Magenta
Marron	Pruun
Noir	Must
Orange	Oranž
Rose	Roosa
Rouge	Punane
Sépia	Seepia
Vert	Roheline
Violet	Lilla

Cuisine
Köök

Baguettes	Söögipulgad
Bol	Kauss
Bouilloire	Veekeetja
Congélateur	Sügavkülmik
Couteaux	Noad
Cruche	Kann
Cuillères	Lusikad
Épices	Vürtsid
Éponge	Käsna
Four	Ahi
Fourchettes	Kahvlid
Gril	Grill
Louche	Kulp
Nourriture	Toit
Pot	Purk
Recette	Retsept
Réfrigérateur	Külmik
Serviette	Salvrätik
Tablier	Põll
Tasses	Tass

Danse
Tants

Académie	Akadeemia
Art	Kunst
Chorégraphie	Koreograafia
Classique	Klassikaline
Corps	Keha
Culture	Kultuur
Culturel	Kultuuriline
Émotion	Emotsioon
Grâce	Armu
Joyeux	Rõõmsa
Mouvement	Liikumine
Musique	Muusika
Partenaire	Partner
Posture	Poos
Répétition	Peaproov
Rythme	Rütm
Visuel	Visuaalne

Dinosaures
Dinosaurused

Ailes	Tiivad
Carnivore	Lihasööja
Disparition	Kadumine
Espèce	Liik
Énorme	Tohutu
Évolution	Evolutsioon
Fossiles	Fossiilid
Grand	Suur
Herbivore	Taimtoiduline
Mammouth	Mammut
Omnivore	Omnivoor
Préhistorique	Eelajalooline
Proie	Saak
Puissant	Võimas
Queue	Saba
Rapace	Raptor
Reptile	Roomaja
Taille	Suurus
Terre	Maa
Vicieux	Julm

Disciplines Scientifiques
Teaduslikud Distsipliinid

Anatomie	Anatoomia
Archéologie	Arheoloogia
Astronomie	Astronoomia
Biochimie	Biokeemia
Biologie	Bioloogia
Botanique	Botaanika
Chimie	Keemia
Écologie	Ökoloogia
Géologie	Geoloogia
Immunologie	Immunoloogia
Linguistique	Keeleteadus
Mécanique	Mehaanika
Météorologie	Meteoroloogia
Minéralogie	Mineraloogia
Neurologie	Neuroloogia
Physiologie	Füsioloogia
Psychologie	Psühholoogia
Robotique	Robootika
Sociologie	Sotsioloogia
Zoologie	Zooloogia

Eau
Vesi

Canal	Kanal
Douche	Dušš
Évaporation	Aurustumine
Fleuve	Jõe
Gel	Külm
Geyser	Geiser
Glace	Jää
Humide	Niiske
Humidité	Niiskus
Inondation	Üleujutus
Irrigation	Niisutus
Lac	Järv
Mousson	Mussoon
Neige	Lumi
Océan	Ookean
Ouragan	Orkaan
Pluie	Vihma
Potable	Joodav
Vagues	Lained
Vapeur	Aur

Escalade
Ronimine

Altitude	Kõrgus
Atmosphère	Atmosfäär
Blessure	Vigastus
Bottes	Saapad
Carte	Kaart
Casque	Kiiver
Curiosité	Uudishimu
Défis	Väljakutsed
Expert	Ekspert
Étroit	Kitsas
Force	Tugevus
Formation	Koolitus
Gants	Kindad
Grotte	Koobas
Guides	Juhendid
Physique	Füüsiline
Randonnée	Matkamine
Stabilité	Stabiilsus
Terrain	Maastik

Exploration
Exploration

Activité	Tegevus
Animaux	Loomad
Courage	Julgus
Cultures	Kultuurid
Dangers	Ohud
Découverte	Avastus
Détermination	Määramine
Espace	Ruum
Excitation	Põnevus
Épuisement	Väsimus
Inconnu	Tundmatu
Langue	Keel
Lointain	Kauge
Nouveau	Uus
Périlleux	Ohtlik
Sauvage	Metsik
Terrain	Maastik
Voyage	Reisimine

Échecs
Male

Adversaire	Vastane
Blanc	Valge
Champion	Meister
Concours	Võistlus
Défis	Väljakutsed
Diagonal	Diagonaal
Intelligent	Tark
Jeu	Mäng
Joueur	Mängija
Noir	Must
Passif	Passiivne
Points	Punktid
Reine	Kuninganna
Règles	Reeglid
Roi	Kuningas
Sacrifice	Ohver
Stratégie	Strateegia
Temps	Aeg
Tournoi	Turniir

École #1
Kooli #1

Alphabet	Tähestik
Amis	Sõbrad
Amusement	Lõbu
Bibliothèque	Raamatukogu
Bureau	Laud
Chaise	Tool
Crayon	Pliiats
Des Stylos	Pliiatsid
Déjeuner	Lõuna
Dossiers	Kaustad
Enseignant	Õpetaja
Examens	Eksamid
Livres	Raamatud
Marqueurs	Markerid
Math	Matemaatika
Nombres	Numbrid
Papier	Paber
Quiz	Viktoriin
Réponses	Vastused
Salle de Classe	Klassiruum

École #2
Kooli #2

Activités	Tegevused
Apprentissage	Õppimine
Bibliothèque	Raamatukogu
Bus	Buss
Calendrier	Kalender
Ciseaux	Käärid
Crayon	Pliiats
Devoirs	Kodutöö
Dictionnaire	Sõnastik
Enseignant	Õpetaja
Écriture	Kirjutamine
Éducation	Haridus
Grammaire	Grammatika
Jeux	Mängud
Lecture	Lugemine
Littérature	Kirjandus
Livres	Raamatud
Ordinateur	Arvuti
Papier	Paber
Science	Teadus

Écologie
Ökoloogia

Bénévoles	Vabatahtlikud
Climat	Kliima
Communautés	Kogukonnad
Diversité	Mitmekesisus
Espèce	Liik
Faune	Loomastik
Flore	Floora
Global	Globaalne
Habitat	Elupaik
Marais	Marsh
Marin	Mere
Nature	Loodus
Naturel	Looduslik
Plantes	Taimed
Ressources	Ressursse
Sécheresse	Põud
Survie	Ellujäämine
Végétation	Taimestik

Émotions
Emotsioonid

Amour	Armastus
Calme	Rahulik
Colère	Viha
Contenu	Sisu
Embarrassé	Piinlik
Ennui	Igavus
Excité	Põnevil
Gentillesse	Headus
Joie	Rõõm
Paix	Rahu
Peur	Hirm
Reconnaissant	Tänulik
Satisfait	Rahul
Surprise	Üllatus
Sympathie	Kaastunnet
Tendresse	Hellus
Tristesse	Kurbus

Épices
Vürtsid

Aigre	Hapu
Ail	Küüslauk
Amer	Kibe
Anis	Aniisi
Cannelle	Kaneel
Cardamome	Kardemon
Coriandre	Koriandri
Cumin	Köömned
Curry	Karri
Fenouil	Apteegitill
Gingembre	Ingver
Muscade	Muskaatpähkel
Oignon	Sibul
Paprika	Paprika
Poivre	Pipar
Réglisse	Lagrits
Safran	Safran
Saveur	Maitse
Sel	Sool
Vanille	Vanill

Été
Suvi

Amis	Sõbrad
Camping	Telkimine
Étoiles	Tähed
Famille	Perekond
Jardin	Aed
Jeux	Mängud
Joie	Rõõm
Livres	Raamatud
Loisir	Vaba
Mer	Meri
Musique	Muusika
Nager	Ujuma
Nourriture	Toit
Plage	Rand
Plongée	Sukelduma
Relaxation	Lõõgastus
Sandales	Sandaalid
Vacances	Puhkus
Voyage	Reisimine

Famille
Perekond

Ancêtre	Esivanem
Cousin	Nõbu
Enfance	Lapsepõlv
Enfant	Laps
Enfants	Lapsed
Femme	Naine
Fille	Tütar
Frère	Vend
Grand-Mère	Vanaema
Grand-Père	Vanaisa
Mari	Abikaasa
Mère	Ema
Neveu	Vennapoeg
Nièce	Vennatütar
Oncle	Onu
Paternel	Isapoolse
Petit-Fils	Pojapoeg
Père	Isa
Soeur	Õde
Tante	Tädi

Ferme #1
Talu #1

Abeille	Mesilane
Agriculture	Põllumajandus
Âne	Eesel
Bison	Piison
Champ	Põld
Chat	Kass
Cheval	Hobune
Chèvre	Kits
Chien	Koer
Clôture	Tara
Corbeau	Vares
Eau	Vesi
Engrais	Väetis
Foin	Hein
Miel	Mesi
Poulet	Kana
Riz	Riis
Troupeau	Karja
Vache	Lehm
Veau	Vasikas

Ferme #2
Talu #2

Agneau	Lambaliha
Agriculteur	Talunik
Animaux	Loomad
Berger	Karjane
Blé	Nisu
Canard	Part
Fruit	Puuviljad
Grange	Ait
Irrigation	Niisutus
Lait	Piim
Lama	Laama
Maïs	Mais
Mouton	Lambad
Mûr	Küps
Nourriture	Toit
Orge	Odra
Pré	Niit
Ruche	Mesitaru
Tracteur	Traktor
Verger	Viljapuuaed

Fleurs
Lilled

Bouquet	Kimp
Gardénia	Gardeenia
Hibiscus	Hibisk
Jasmin	Jasmiin
Jonquille	Nartsiss
Lavande	Lavendel
Lilas	Lilla
Lys	Liilia
Magnolia	Magnoolia
Marguerite	Daisy
Orchidée	Orhidee
Passiflore	Kannatuslill
Pavot	Unimagun
Pétale	Kroonleht
Pissenlit	Võilill
Pivoine	Pojeng
Rose	Roos
Tournesol	Päevalill
Trèfle	Ristik
Tulipe	Tulbi

Forêt Tropicale
Vihmametsade

Amphibiens	Kahepaiksed
Botanique	Botaaniline
Climat	Kliima
Communauté	Kogukond
Diversité	Mitmekesisus
Espèce	Liik
Indigène	Põlisrahvaste
Insectes	Putukad
Jungle	Džungel
Mammifères	Imetajad
Mousse	Sammal
Nature	Loodus
Nuage	Pilved
Oiseaux	Linnud
Précieux	Väärtuslik
Préservation	Säilitamine
Refuge	Varjupaik
Respect	Austus
Restauration	Taastamine
Survie	Ellujäämine

Formes
Kujundid

Arc	Kaar
Bords	Servad
Carré	Ruut
Cercle	Ring
Coin	Nurk
Courbe	Kõver
Cône	Koonus
Côté	Pool
Cube	Kuubik
Cylindre	Silinder
Ellipse	Ellips
Hyperbole	Hüperbool
Ligne	Rida
Ovale	Ovaal
Polygone	Hulknurk
Prisme	Prisma
Pyramide	Püramiid
Rectangle	Ristkülik
Sphère	Kera
Triangle	Kolmnurk

Fournitures d'Art
Kunstitarbed

Acrylique	Akrüül
Aquarelles	Akvarellid
Argile	Savi
Brosses	Harjad
Caméra	Kaamera
Chaise	Tool
Charbon	Süsi
Chevalet	Molbert
Colle	Liim
Couleurs	Värvid
Crayons	Pliiatsid
Créativité	Loovus
Eau	Vesi
Encre	Tint
Gomme	Kustutuskumm
Huile	Õli
Idées	Ideed
Papier	Paber
Pastels	Pastellid
Table	Laud

Fruit
Puuviljad

Abricot	Aprikoos
Ananas	Ananass
Avocat	Avokaado
Baie	Mari
Banane	Banaan
Cerise	Kirss
Citron	Sidrun
Figue	Joon
Framboise	Vaarikas
Goyave	Guajaav
Kiwi	Kiivi
Mangue	Mango
Melon	Melon
Nectarine	Nektariin
Orange	Oranž
Papaye	Papaia
Pêche	Virsik
Poire	Pirn
Pomme	Õun
Raisin	Viinamarja

Gentillesse
Headus

Affectueux	Hell
Aimant	Armastav
Amical	Sõbralik
Attentif	Tähelepanelik
Authentique	Ehtne
Compatissant	Kaastundlik
Compréhension	Mõistmine
Doux	Õrn
Fiable	Usaldusväärne
Généreux	Helde
Heureux	Õnnelik
Honnête	Aus
Hospitalier	Külalislahke
Patient	Patsient
Respectueux	Lugupidav
Réceptif	Vastuvõtlik
Tolérant	Salliv
Utile	Abivalmis

Géographie
Geograafia

Altitude	Kõrgus
Atlas	Atlas
Carte	Kaart
Continent	Kontinent
Fleuve	Jõe
Hémisphère	Poolkera
Île	Saar
Latitude	Laiuskraad
Mer	Meri
Méridien	Meridiaan
Monde	Maailm
Montagne	Mägi
Nord	Põhja
Océan	Ookean
Ouest	Lääne
Pays	Riik
Région	Piirkond
Sud	Lõuna
Territoire	Territoorium
Ville	Linn

Géologie
Geoloogia

Acide	Hape
Calcium	Kaltsium
Caverne	Koobas
Continent	Kontinent
Corail	Korall
Couche	Kiht
Cristaux	Kristallid
Érosion	Erosioon
Fondu	Sula
Fossile	Fossiil
Geyser	Geiser
Lave	Lava
Minéraux	Mineraalid
Pierre	Kivi
Plateau	Platoo
Quartz	Kvarts
Sel	Sool
Stalactite	Stalaktiit
Volcan	Vulkaan
Zone	Tsoon

Herboristerie
Herbalism

Ail	Küüslauk
Aromatique	Aromaatne
Basilic	Basiilik
Bénéfique	Kasulik
Culinaire	Kulinaar
Estragon	Estragon
Fenouil	Apteegitill
Fleur	Lill
Ingrédient	Koostisosa
Jardin	Aed
Lavande	Lavendel
Marjolaine	Marjoram
Menthe	Piparmünt
Persil	Petersell
Qualité	Kvaliteet
Romarin	Rosmariin
Safran	Safran
Saveur	Maitse
Thym	Liivatee
Vert	Roheline

Insectes
Putukad

Abeille	Mesilane
Cafard	Prussakas
Cigale	Cicada
Coccinelle	Lepatriinu
Criquet	Jaanileivapuu
Fourmi	Sipelgas
Frelon	Vapsik
Guêpe	Herilane
Larve	Vastne
Libellule	Kiil
Mante	Mantis
Moustique	Sääsk
Papillon	Liblikas
Puce	Kirbu
Puceron	Lehetäide
Sauterelle	Rohutirts
Scarabée	Mardikas
Termite	Termiit
Ver	Uss

Instruments de Musique
Muusikariistad

Banjo	Banjo
Basson	Fagott
Clarinette	Klarnet
Flûte	Flööt
Gong	Gong
Guitare	Kitarr
Harmonica	Suupill
Harpe	Harf
Hautbois	Oboe
Mandoline	Mandoliin
Marimba	Marimba
Percussion	Löökpillid
Piano	Klaver
Saxophone	Saksofon
Tambour	Trumm
Tambourin	Tamburiin
Trombone	Tromboon
Trompette	Trompet
Violon	Viiul
Violoncelle	Tšello

Jardin
Aed

Arbre	Puu
Banc	Pink
Buisson	Põõsas
Clôture	Tara
Étang	Tiik
Fleur	Lill
Garage	Garaaž
Hamac	Võrkkiik
Herbe	Muru
Jardin	Aed
Mauvaises Herbes	Umbrohi
Pelle	Kühvel
Porche	Veranda
Râteau	Reha
Sol	Muld
Terrasse	Terrass
Trampoline	Batuut
Tuyau	Voolik
Verger	Viljapuuaed
Vigne	Viinapuu

Jouets
Mänguasjad

Argile	Savi
Artisanat	Käsitöö
Avion	Lennuk
Balle	Pall
Bateau	Paat
Camion	Veoauto
Cerf-Volant	Lohe
Échecs	Male
Favori	Lemmik
Imagination	Kujutlusvõime
Jeux	Mängud
Livres	Raamatud
Peinture	Värvid
Poupée	Nukk
Puzzle	Puzzle
Robot	Robot
Tambours	Trummid
Train	Rong
Vélo	Jalgratas
Voiture	Auto

Jours et Mois
Päevad ja Kuud

Août	August
Avril	Aprill
Calendrier	Kalender
Dimanche	Pühapäev
Février	Veebruar
Janvier	Jaanuar
Jeudi	Neljapäev
Juillet	Juuli
Juin	Juuni
Lundi	Esmaspäev
Mardi	Teisipäev
Mars	Märts
Mercredi	Kolmapäev
Mois	Kuu
Novembre	November
Octobre	Oktoober
Samedi	Laupäev
Semaine	Nädal
Septembre	September
Vendredi	Reede

Les Abeilles
Mesilased

Ailes	Tiivad
Bénéfique	Kasulik
Cire	Vaha
Diversité	Mitmekesisus
Essaim	Sülem
Écosystème	Ökosüsteem
Fleur	Õis
Fleurs	Lilled
Fruit	Puuviljad
Fumée	Suits
Habitat	Elupaik
Insecte	Putukas
Jardin	Aed
Miel	Mesi
Nourriture	Toit
Plantes	Taimed
Pollen	Õietolm
Reine	Kuninganna
Ruche	Taru
Soleil	Päike

Légumes
Köögiviljad

Ail	Küüslauk
Artichaut	Artišokk
Aubergine	Baklažaan
Brocoli	Brokkoli
Carotte	Porgand
Céleri	Seller
Champignon	Seen
Citrouille	Kõrvits
Concombre	Kurk
Échalote	Šalott
Épinard	Spinat
Gingembre	Ingver
Navet	Naeris
Oignon	Sibul
Olive	Oliiv
Persil	Petersell
Pois	Hernes
Radis	Redis
Salade	Salat
Tomate	Tomat

Littérature
Kirjandus

Analogie	Analoogia
Analyse	Analüüs
Anecdote	Anekdoot
Auteur	Autor
Biographie	Elulugu
Comparaison	Võrdlus
Conclusion	Järeldus
Description	Kirjeldus
Dialogue	Dialoog
Fiction	Fiction
Métaphore	Metafoor
Narrateur	Jutustaja
Poème	Luuletus
Poétique	Poeetiline
Rime	Riim
Roman	Romaan
Rythme	Rütm
Style	Stiil
Thème	Teema
Tragédie	Tragöödia

Livres
Raamatud

Auteur	Autor
Aventure	Seiklus
Collection	Kogumine
Contexte	Kontekst
Dualité	Duaalsus
Épique	Eepiline
Histoire	Lugu
Historique	Ajalooline
Humoristique	Humoorikas
Inventif	Leidlik
Lecteur	Lugeja
Littéraire	Kirjandus
Narrateur	Jutustaja
Page	Leht
Pertinent	Asjakohane
Poème	Luuletus
Poésie	Luule
Roman	Romaan
Série	Seeria
Tragique	Traagiline

Maison
Maja

Balai	Luud
Bibliothèque	Raamatukogu
Chambre	Tuba
Cheminée	Kamin
Clés	Võtmed
Clôture	Tara
Cuisine	Köök
Douche	Dušš
Fenêtre	Aken
Garage	Garaaž
Grenier	Pööning
Jardin	Aed
Lampe	Lamp
Miroir	Peegel
Mur	Sein
Plafond	Lagi
Porte	Uks
Rideaux	Kardinad
Tapis	Vaip
Toit	Katus

Mammifères
Imetajad

Baleine	Vaal
Chat	Kass
Cheval	Hobune
Chien	Koer
Coyote	Koiott
Dauphin	Delfiin
Éléphant	Elevant
Girafe	Kaelkirjak
Gorille	Gorilla
Kangourou	Känguru
Lapin	Küülik
Lion	Lõvi
Loup	Hunt
Mouton	Lambad
Ours	Karu
Renard	Rebane
Singe	Ahv
Taureau	Pull
Tigre	Tiiger
Zèbre	Sebra

Mathématiques
Matemaatika

Angles	Nurgad
Arithmétique	Aritmeetika
Carré	Ruut
Circonférence	Ümbermõõt
Décimal	Koma
Diamètre	Läbimõõt
Exposant	Eksponent
Équation	Võrrand
Fraction	Fraktsioon
Géométrie	Geomeetria
Parallèle	Paralleelselt
Parallélogramme	Rööpkülik
Perpendiculaire	Risti
Polygone	Hulknurk
Rayon	Raadius
Rectangle	Ristkülik
Somme	Summa
Sphère	Kera
Symétrie	Sümmeetria
Triangle	Kolmnurk

Mesures
Mõõtmised

Centimètre	Sentimeeter
Degré	Kraad
Décimal	Koma
Gramme	Gramm
Hauteur	Kõrgus
Kilogramme	Kilogramm
Kilomètre	Kilomeetri
Largeur	Laius
Litre	Liiter
Longueur	Pikkus
Masse	Mass
Mètre	Meeter
Minute	Minut
Octet	Bait
Once	Unts
Pinte	Pint
Poids	Kaal
Pouce	Toll
Profondeur	Sügavus
Tonne	Tonn

Meubles
Mööbel

Armoire	Armoire
Banc	Pink
Bureau	Laud
Canapé	Diivan
Chaise	Tool
Commode	Kummut
Coussins	Padjad
Étagères	Riiulid
Fauteuil	Tugitool
Futon	Futon
Hamac	Võrkkiik
Lampe	Lamp
Lit	Voodi
Matelas	Madrats
Miroir	Peegel
Oreiller	Padi
Rideaux	Kardinad
Tapis	Vaip

Méditation
Meditatsioon

Acceptation	Vastuvõtt
Attention	Tähelepanu
Calme	Rahulik
Clarté	Selgus
Compassion	Kaastunne
Émotions	Emotsioone
Éveillé	Ärkvel
Gentillesse	Headus
Gratitude	Tänu
Habitudes	Harjumused
Mental	Vaimne
Mouvement	Liikumine
Musique	Muusika
Nature	Loodus
Observation	Vaatlus
Paix	Rahu
Perspective	Perspektiiv
Posture	Poos
Respiration	Hingamine
Silence	Vaikus

Météo
Ilm

Arc-En-Ciel	Vikerkaar
Atmosphère	Atmosfäär
Brise	Imelihtne
Brouillard	Udu
Calme	Rahulik
Ciel	Taevas
Climat	Kliima
Glace	Jää
Mousson	Mussoon
Nuage	Pilv
Ouragan	Orkaan
Polaire	Polaarne
Sec	Kuiv
Sécheresse	Põud
Température	Temperatuur
Tempête	Torm
Tonnerre	Äike
Tornade	Tornaado
Tropical	Troopiline
Vent	Tuul

Mythologie
Mütoloogia

Archétype	Arhetüüp
Catastrophe	Katastroof
Comportement	Käitumine
Création	Loomine
Créature	Olend
Culture	Kultuur
Éclair	Välk
Force	Tugevus
Guerrier	Sõdalane
Héroïne	Kangelanna
Héros	Kangelane
Immortalité	Surematus
Jalousie	Armukadedus
Labyrinthe	Labürint
Légende	Legend
Magique	Maagiline
Monstre	Koletis
Mortel	Surelik
Tonnerre	Kõu
Vengeance	Kättemaks

Nature
Iseloom

Abeilles	Mesilased
Abri	Varjupaik
Animaux	Loomad
Arctique	Arktiline
Beauté	Ilu
Brouillard	Udu
Désert	Kõrb
Dynamique	Dünaamiline
Érosion	Erosioon
Falaises	Kaljud
Feuillage	Lehestik
Fleuve	Jõe
Forêt	Mets
Glacier	Liustik
Nuage	Pilved
Sanctuaire	Sanctuary
Sauvage	Metsik
Serein	Rahulik
Tropical	Troopiline
Vital	Eluline

Nombres
Numbrid

Cinq	Viis
Deux	Kaks
Décimal	Koma
Dix	Kümme
Dix-Huit	Kaheksateist
Dix-Neuf	Üheksateist
Dix-Sept	Seitseteist
Douze	Kaksteist
Huit	Kaheksa
Neuf	Üheksa
Quatorze	Neliteist
Quatre	Neli
Quinze	Viisteist
Seize	Kuusteist
Sept	Seitse
Six	Kuus
Treize	Kolmteist
Trois	Kolm
Vingt	Kakskümmend
Zéro	Null

Nourriture #1
Toit #1

Ail	Küüslauk
Basilic	Basiilik
Café	Kohv
Cannelle	Kaneel
Carotte	Porgand
Citron	Sidrun
Épinard	Spinat
Fraise	Maasikas
Jus	Mahl
Lait	Piim
Navet	Naeris
Oignon	Sibul
Orge	Odra
Poire	Pirn
Salade	Salat
Sel	Sool
Soupe	Supp
Sucre	Suhkur
Thon	Tuunikala
Viande	Liha

Nourriture #2
Toit #2

Amande	Mandel
Aubergine	Baklažaan
Banane	Banaan
Blé	Nisu
Brocoli	Brokkoli
Cerise	Kirss
Céleri	Seller
Champignon	Seen
Chocolat	Šokolaad
Jambon	Sink
Kiwi	Kiivi
Mangue	Mango
Oeuf	Muna
Pain	Leib
Poisson	Kala
Pomme	Õun
Poulet	Kana
Raisin	Viinamarja
Riz	Riis
Tomate	Tomat

Nutrition
Toitumine

Amer	Kibe
Appétit	Isu
Calories	Kaloreid
Comestible	Söödav
Diète	Dieet
Digestion	Seedimine
Épices	Vürtsid
Fermentation	Käärimine
Glucides	Süsivesikuid
Ingrédients	Koostisosad
Liquides	Vedelike
Poids	Kaal
Protéines	Valgud
Qualité	Kvaliteet
Sain	Tervislik
Santé	Tervis
Sauce	Kaste
Saveur	Maitse
Toxine	Toksiin
Vitamine	Vitamiin

Océan
Ookean

Algue	Merevetikad
Anguille	Angerjas
Baleine	Vaal
Bateau	Paat
Corail	Korall
Crabe	Krabi
Crevette	Krevetid
Dauphin	Delfiin
Éponge	Käsna
Huître	Auster
Méduse	Meduus
Poisson	Kala
Poulpe	Kaheksajalg
Requin	Hai
Récif	Kari
Sel	Sool
Tempête	Torm
Thon	Tuunikala
Tortue	Kilpkonn
Vagues	Lained

Oiseaux
Linnud

Aigle	Kotkas
Autruche	Jaanalind
Canard	Part
Cigogne	Toonekurg
Colombe	Tuvi
Corbeau	Vares
Coucou	Kägu
Cygne	Luik
Flamant	Flamingo
Héron	Haigur
Manchot	Pingviin
Moineau	Varblane
Mouette	Kajakas
Oeuf	Muna
Oie	Hani
Paon	Paabulind
Perroquet	Papagoi
Pélican	Pelikani
Poulet	Kana
Toucan	Tuukan

Outils
Tööriistad

Agrafe	Klamber
Agrafeuse	Klammerdaja
Câble	Kaabel
Ciseaux	Käärid
Colle	Liim
Corde	Köis
Couteau	Nuga
Échelle	Redel
Hache	Kirves
Maillet	Kurikas
Marteau	Haamer
Pelle	Kühvel
Pinces	Tangid
Rasoir	Habemenuga
Roue	Ratas
Torche	Tõrvik
Vis	Kruvi

Pays #2
Riigid #2

Albanie	Albaania
Chine	Hiina
Danemark	Taani
France	Prantsusmaa
Haïti	Haiti
Indonésie	Indoneesia
Irlande	Iirimaa
Jamaïque	Jamaica
Japon	Jaapan
Kenya	Kenya
Laos	Laos
Liban	Liibanon
Mexique	Mehhiko
Ouganda	Uganda
Pakistan	Pakistan
Russie	Venemaa
Somalie	Somaalia
Soudan	Sudaan
Syrie	Süüria
Ukraine	Ukraina

Paysages
Maastikud

Cascade	Juga
Colline	Mäe
Désert	Kõrb
Estuaire	Estuaar
Fleuve	Jõe
Geyser	Geiser
Glacier	Liustik
Grotte	Koobas
Iceberg	Jäämägi
Île	Saar
Lac	Järv
Marais	Soo
Mer	Meri
Montagne	Mägi
Oasis	Oaas
Péninsule	Poolsaar
Plage	Rand
Toundra	Tundra
Vallée	Org
Volcan	Vulkaan

Pêche
Kalapüük

Appât	Sööt
Bateau	Paat
Branchies	Lõpused
Crochet	Konks
Cuire	Kokk
Eau	Vesi
Exagération	Liialdus
Équipement	Varustus
Fil	Traat
Fleuve	Jõe
Lac	Järv
Mâchoire	Lõualuu
Océan	Ookean
Panier	Korv
Patience	Kannatlikkust
Plage	Rand
Poids	Kaal
Saison	Hooaeg

Pirates
Piraadid

Ancre	Ankur
Aventure	Seiklus
Capitaine	Kapten
Carte	Kaart
Cicatrice	Arm
Danger	Oht
Drapeau	Lipp
Épée	Mõõk
Équipage	Meeskond
Grotte	Koobas
Île	Saar
Légende	Legend
Mauvais	Halb
Océan	Ookean
Or	Kuld
Perroquet	Papagoi
Pièces	Mündid
Plage	Rand
Rhum	Rumm
Trésor	Aare

Plage
Rand

Bateau	Paat
Bleu	Sinine
Côte	Rannik
Crabe	Krabi
Dock	Dokk
Île	Saar
Lagune	Laguun
Mer	Meri
Nager	Ujuma
Océan	Ookean
Parapluie	Vihmavari
Récif	Kari
Sable	Liiv
Sandales	Sandaalid
Serviette	Rätik
Soleil	Päike
Vacances	Puhkus
Voilier	Purjekas

Plantes
Taimed

Arbre	Puu
Baie	Mari
Bambou	Bambus
Botanique	Botaanika
Buisson	Põõsas
Cactus	Kaktus
Engrais	Väetis
Feuillage	Lehestik
Fleur	Lill
Flore	Floora
Forêt	Mets
Grandir	Kasvama
Haricot	Uba
Herbe	Muru
Jardin	Aed
Lierre	Luuderohi
Mousse	Sammal
Pétale	Kroonleht
Racine	Juur
Végétation	Taimestik

Professions #1
Ametialad #1

Ambassadeur	Suursaadik
Artiste	Kunstnik
Astronome	Astronoom
Avocat	Advokaat
Banquier	Pankur
Bijoutier	Juveliir
Cartographe	Kartograaf
Chasseur	Jahimees
Danseur	Tantsija
Entraîneur	Treener
Éditeur	Toimetaja
Géologue	Geoloog
Infirmière	Õde
Médecin	Arst
Musicien	Muusik
Pianiste	Pianist
Plombier	Torumees
Pompier	Tuletõrjuja
Psychologue	Psühholoog
Scientifique	Teadlane

Professions #2
Ametialad #2

Astronaute	Astronaut
Biologiste	Bioloog
Chercheur	Teadlane
Chirurgien	Kirurg
Dentiste	Hambaarst
Détective	Detektiiv
Enquêteur	Uurija
Enseignant	Õpetaja
Illustrateur	Illustraator
Ingénieur	Insener
Inventeur	Leiutaja
Jardinier	Aednik
Journaliste	Ajakirjanik
Linguiste	Keeleteadlane
Médecin	Arst
Peintre	Maalikunstnik
Philosophe	Filosoof
Photographe	Fotograaf
Pilote	Piloot
Zoologiste	Zooloog

Randonnée
Matkamine

Animaux	Loomad
Bottes	Saapad
Camping	Telkimine
Carte	Kaart
Climat	Kliima
Eau	Vesi
Falaise	Kalju
Fatigué	Väsinud
Guides	Juhendid
Lourd	Raske
Météo	Ilm
Montagne	Mägi
Nature	Loodus
Orientation	Orientatsioon
Parcs	Park
Pierres	Kivid
Préparation	Ettevalmistus
Sauvage	Metsik
Soleil	Päike
Sommet	Tippkohtumine

Remplir
Täitmiseks

Baignoire	Vann
Baril	Tünn
Boîte	Kast
Bouteille	Pudel
Caisse	Kasti
Carton	Karp
Dossier	Kausta
Enveloppe	Ümbrik
Navire	Laev
Panier	Korv
Paquet	Paket
Plateau	Salv
Poche	Tasku
Pot	Purk
Sac	Kott
Seau	Ämber
Tiroir	Sahtel
Tube	Toru
Valise	Kohver
Vase	Vaas

Restaurant #1
Restoran #1

Allergie	Allergia
Assiette	Plaat
Bol	Kauss
Café	Kohv
Caissier	Kassast
Couteau	Nuga
Cuisine	Köök
Dessert	Magustoit
Épicé	Vürtsikas
Ingrédients	Koostisosad
Menu	Menüü
Nourriture	Toit
Pain	Leib
Poulet	Kana
Sauce	Kaste
Serveuse	Ettekandja
Serviette	Salvrätik
Viande	Liha

Restaurant #2
Restoran #2

Boisson	Jook
Chaise	Tool
Cuillère	Lusikas
Déjeuner	Lõuna
Délicieux	Maitsev
Dîner	Õhtusöök
Eau	Vesi
Épices	Vürtsid
Fourchette	Kahvel
Fruit	Puuviljad
Gâteau	Kook
Glace	Jää
Légumes	Köögiviljad
Nouilles	Nuudlid
Oeuf	Munad
Poisson	Kala
Salade	Salat
Sel	Sool
Serveur	Kelner
Soupe	Supp

Science
Teadus

Atome	Aatom
Chimique	Keemiline
Climat	Kliima
Données	Andmed
Expérience	Katse
Évolution	Evolutsioon
Fait	Fakt
Fossile	Fossiil
Gravité	Raskus
Hypothèse	Hüpotees
Laboratoire	Labor
Méthode	Meetod
Minéraux	Mineraalid
Molécules	Molekulid
Nature	Loodus
Observation	Vaatlus
Organisme	Organism
Particules	Osakesed
Physique	Füüsika
Scientifique	Teadlane

Science-Fiction
Ulme

Atomique	Aatomi
Cinéma	Kino
Explosion	Plahvatus
Extrême	Äärmuslik
Fantastique	Fantastiline
Feu	Tulekahju
Futuriste	Futuristlik
Galaxie	Galaktika
Illusion	Illusioon
Imaginaire	Kujuteldav
Livres	Raamatud
Monde	Maailm
Mystérieux	Salapärane
Oracle	Oraakel
Planète	Planeet
Réaliste	Realistlik
Robots	Robotid
Scénario	Stsenaarium
Technologie	Tehnoloogia
Utopie	Utoopia

Sports
Sport

Arbitre	Kohtunik
Athlète	Sportlane
Base-Ball	Pesapall
Basket-Ball	Korvpall
Championnat	Võistlus
Entraîneur	Treener
Équipe	Meeskond
Gagnant	Võitja
Golf	Golf
Gymnase	Gümnaasium
Gymnastique	Võimlemine
Hockey	Jäähoki
Jeu	Mäng
Joueur	Mängija
Mouvement	Liikumine
Nager	Ujuma
Stade	Staadion
Tennis	Tennis
Vélo	Jalgratas

Surf
Surfamine

Amusement	Lõbu
Athlète	Sportlane
Champion	Meister
Débutant	Algaja
Estomac	Kõht
Extrême	Äärmuslik
Force	Tugevus
Foules	Rahvad
Météo	Ilm
Mousse	Vaht
Nager	Ujuma
Océan	Ookean
Pagaie	Mõla
Plage	Rand
Populaire	Populaarne
Récif	Kari
Style	Stiil
Vague	Laine
Vitesse	Kiirus

Technologie
Tehnoloogia

Blog	Blogi
Caméra	Kaamera
Curseur	Kursori
Données	Andmed
Écran	Ekraan
Fichier	Fail
Internet	Internet
Logiciel	Tarkvara
Message	Sõnum
Navigateur	Veebibrauser
Numérique	Digitaalne
Ordinateur	Arvuti
Police	Font
Recherche	Uurimistöö
Sécurité	Turvalisus
Statistiques	Statistika
Virtuel	Virtuaalne
Virus	Viirus

Temps
Aeg

Année	Aasta
Annuel	Aastane
Après	Pärast
Avant	Enne
Bientôt	Varsti
Calendrier	Kalender
Décennie	Kümnend
Futur	Tulevik
Heure	Tund
Hier	Eile
Horloge	Kell
Jour	Päev
Maintenant	Nüüd
Matin	Hommik
Midi	Keskpäev
Minute	Minut
Mois	Kuu
Nuit	Öö
Semaine	Nädal
Siècle	Sajand

Types de Cheveux
Juuste Tüübid

Argent	Hõbe
Blanc	Valge
Blond	Blond
Boucles	Lokid
Brillant	Läikiv
Chauve	Kiilas
Coloré	Värvitud
Court	Lühike
Doux	Pehme
Épais	Paks
Frisé	Lokkis
Gris	Hall
Long	Pikk
Marron	Pruun
Mince	Õhuke
Noir	Must
Ondulé	Laineline
Sain	Tervislik
Sec	Kuiv
Tressé	Põimitud

Vacances #1
Puhkus #1

Avion	Lennuk
Billet	Pilet
Devise	Valuuta
Départ	Lahkumine
Douane	Toll
Expédition	Ekspeditsioon
Itinéraire	Teekond
Lac	Järv
Musée	Muuseum
Nager	Ujuma
Parapluie	Vihmavari
Relaxation	Lõõgastus
Sac à Dos	Seljakott
Touriste	Turist
Tram	Tramm
Valise	Kohver
Voiture	Auto

Vacances #2
Puhkus #2

Aéroport	Lennujaam
Camping	Telkimine
Carte	Kaart
Destination	Sihtkoht
Étranger	Välismaalane
Hôtel	Hotell
Île	Saar
Loisir	Vaba
Mer	Meri
Passeport	Pass
Plage	Rand
Restaurant	Restoran
Réservations	Reservatsioon
Taxi	Takso
Tente	Telk
Train	Rong
Transport	Transport
Vacances	Puhkus
Visa	Viisa
Voyage	Reisi

Vertus #1
Voorused #1

Artistique	Kunstiline
Bon	Hea
Charmant	Võluv
Confiant	Kindel
Curieux	Uudishimulik
Décisif	Otsustav
Drôle	Naljakas
Efficace	Tõhus
Fiable	Usaldusväärne
Généreux	Helde
Indépendant	Iseseisev
Intelligent	Intelligentne
Modeste	Tagasihoidlik
Passionné	Kirglik
Patient	Patsient
Pratique	Praktiline
Propre	Puhas
Sage	Tark
Utile	Abivalmis

Véhicules
Sõidukid

Ambulance	Kiirabi
Avion	Lennuk
Bateau	Paat
Bus	Buss
Camion	Veoauto
Ferry	Praam
Fusée	Rakett
Hélicoptère	Helikopter
Métro	Metroo
Moteur	Mootor
Pneus	Rehvid
Radeau	Parv
Scooter	Roller
Sous-Marin	Allveelaev
Taxi	Takso
Tracteur	Traktor
Train	Rong
Van	Van
Vélo	Jalgratas
Voiture	Auto

Vêtements
Riided

Bracelet	Käevõru
Ceinture	Vöö
Chapeau	Müts
Chaussure	Kinga
Chemise	Särk
Chemisier	Pluus
Collier	Kaelakee
Foulard	Sall
Gants	Kindad
Jeans	Teksad
Jupe	Seelik
Manteau	Mantel
Mode	Mood
Pantalon	Püksid
Pull	Kampsun
Pyjama	Pidžaama
Robe	Kleit
Sandales	Sandaalid
Tablier	Põll
Veste	Jope

Ville
Linn

Aéroport	Lennujaam
Banque	Pank
Bibliothèque	Raamatukogu
Boulangerie	Pagaritöö
Cinéma	Kino
Clinique	Kliinik
École	Kool
Fleuriste	Lillepood
Galerie	Galerii
Hôtel	Hotell
Librairie	Raamatupood
Marché	Turg
Musée	Muuseum
Pharmacie	Apteek
Restaurant	Restoran
Stade	Staadion
Supermarché	Supermarket
Théâtre	Teater
Université	Ülikool
Zoo	Loomaaed

Félicitations

Vous avez réussi !

Nous espérons que vous avez apprécié ce livre autant que nous avons pris plaisir à le concevoir. Nous faisons de notre mieux pour créer des livres de la meilleure qualité possible.
Cette édition est conçue pour permettre un apprentissage intelligent et de qualité en se divertissant !

Vous avez aimé ce livre ?

Une Simple Demande

Nos livres existent grâce aux avis que vous publiez. Pourriez-vous nous aider en laissant un avis maintenant ?

Voici un lien rapide qui vous mènera à votre
page d'évaluation de vos commandes :

BestBooksActivity.com/Avis50

CHALLENGE FINAL !

Défi n°1

Êtes-vous prêt pour votre jeu bonus ? Nous les utilisons tout le temps mais ils ne sont pas si faciles à trouver. Voici les **Synonymes** !

Notez 5 mots que vous avez trouvés dans les puzzles notés ci-dessous (n°21, n°36, n°76) et essayez de trouver 2 synonymes pour chaque mot.

Notez 5 Mots du **Puzzle 21**

Mots	Synonyme 1	Synonyme 2

Notez 5 Mots du **Puzzle 36**

Mots	Synonyme 1	Synonyme 2

Notez 5 Mots du **Puzzle 76**

Mots	Synonyme 1	Synonyme 2

Défi n°2

Maintenant que vous vous êtes échauffé, notez 5 mots que vous avez découverts dans les Puzzles n° 9, n° 17, n° 25 et essayez de trouver 2 antonymes pour chaque mot. Combien pouvez-vous en trouver en 20 minutes ?

Notez 5 Mots du **Puzzle 9**

Mots	Antonyme 1	Antonyme 2

Notez 5 Mots du **Puzzle 17**

Mots	Antonyme 1	Antonyme 2

Notez 5 Mots du **Puzzle 25**

Mots	Antonyme 1	Antonyme 2

Défi n°3

Formidable ! Ce défi final n'est rien pour vous.

Prêt pour le dernier défi ? Choisissez 10 mots que vous avez découverts parmi les différents puzzles et notez-les ci-dessous.

1.	6.
2.	7.
3.	8.
4.	9.
5.	10.

Maintenant, composez un texte en pensant à une personne, un animal ou un lieu que vous aimez !

Astuce: Vous pouvez utiliser la dernière page de ce livre comme brouillon !

Votre Composition :

CARNET DE NOTES :

À TRÈS BIENTÔT !

Toute l'équipe

DECOUVREZ DES JEUX GRATUITS

GO

BESTACTIVITYBOOKS.COM/FREEGAMES